CRITIQUE DE LA PHILOSOPHIE

DE

THOMAS BROWN

PAR

F. RÉTHORÉ

AGRÉGÉ DES LETTRES, PROFESSEUR DE LOGIQUE
AU LYCÉE IMPÉRIAL DE TOURS

PARIS
AUGUSTE DURAND, LIBRAIRE-ÉDITEUR
RUE DES GRÈS, 7

MDCCCLXIII

CRITIQUE DE LA PHILOSOPHIE

DE

THOMAS BROWN

TOURS, IMPRIMERIE DE JULES BOUSEREZ.

CRITIQUE DE LA PHILOSOPHIE

DE

THOMAS BROWN

PAR

F. RÉTHORÉ

AGRÉGÉ DES LETTRES, PROFESSEUR DE LOGIQUE

AU LYCÉE IMPÉRIAL DE TOURS

PARIS
AUGUSTE DURAND, LIBRAIRE-ÉDITEUR
RUE DES GRÈS, 7
MDCCCLXIII

AVANT-PROPOS

A l'époque même où Royer Collard introduisait en France la philosophie de Th. Rheid, et prétendait la substituer à celle de Condillac et de son école, un professeur de l'Université d'Édimbourg, Thomas Brown, portait en Écosse la *philosophie française* et s'en servait pour combattre Reid et D. Stewart.

Brown a été longtemps considéré dans son pays comme *le premier métaphysicien de son siècle;* ses ouvrages sont devenus populaires en Angleterre et même en Amérique.

Sa doctrine, à peine connue parmi nous, a été jugée sévèrement par ceux qui n'en ont parlé que sur le témoignage de W. Hamilton et de W. Makintosh. Mais elle est, au contraire, favorablement appréciée par tous ceux qui la connaissent par eux-mêmes, entre autres, par M. Bouillet, qui termine ainsi l'exposition qu'il en a faite dans le *Supplément à la Biographie universelle* : « Peut-être, dit-il en parlant de lui-même, peut-être l'auteur de cet article, en jugeant Brown d'une manière si favorable, est-il coupable de quelque partialité; car, en lisant ses leçons, il lui est arrivé bien des fois de trouver avec étonnement entre les idées de ce philosophe et les siennes propres la plus singulière analogie; et l'on sait que l'analogie des opinions n'est pas moins puissante que la conformité des caractères pour engendrer l'amitié. »

Pour les principes, la méthode et les résultats généraux, Brown relève immédiatement de Buffier, Destutt de Tracy et Laromiguière; et quoiqu'à l'exemple de ces deux derniers peut-être il n'ait pas compris le principe fondamental du *Traité des sensations* et de la *Logique*, et par conséquent qu'il n'ait pu, tant en psychologie qu'en métaphysique, résoudre un grand nombre de questions capitales, cependant sa doctrine n'est en grande partie qu'un développement de la *philosophie française*, et peut être considérée comme un hommage rendu à Condillac, cette grande lumière, un moment obscurcie par des nuages venus d'ailleurs, mais qui ne peut manquer de reparaître tôt ou tard plus brillante et plus pure.

NOTICE BIOGRAPHIQUE

SUR

THOMAS BROWN

SA NAISSANCE, SON ÉDUCATION, SES TRAVAUX, SA MORT,
SES OUVRAGES ET SON GÉNIE.

Thomas Brown, poëte et philosophe écossais; successeur de Dugald Stewart dans la chaire de philosophie morale de l'Université d'Édimbourg, naquit le 19 janvier 1778, à Kirkmabrek, près d'Édimbourg. Il était le treizième et dernier des enfants de Samuel Brown, ministre de Kirkmabrek, et de Marie Smith, fille de John Smith, de Wigton.

Les Brown, ses ancêtres, la plupart ministres, étaient recommandables par leur science et par leurs vertus. Leur souvenir s'est conservé dans le pays qu'ils habitaient : aujourd'hui encore on y montre un souterrain où, du temps des persécutions de Charles II, ils avaient coutume de porter chaque nuit des provisions pour un parti de Covenantaires. Quelques-uns de ses aïeux maternels se sont aussi distingués : on les trouve, dans les histoires de la persécution, au nombre de ceux qui furent bannis de l'Écosse pour avoir adhéré au Covenant.

Brown n'avait encore que deux ans lorsqu'il perdit son père; son éducation resta confiée aux soins de sa mère.

Il fut très-précoce : à un âge où la plupart des enfants savent à peine l'alphabet, il donnait des marques d'une activité d'esprit extraordinaire, d'une sensibilité très-vive et d'une mémoire prodigieuse. Il n'avait pas encore cinq ans qu'il savait déjà par cœur presque toute la tragédie de *Caton;* il pleurait au récit des vieilles ballades sur les deux héros écossais, Bruce et Wallace; un jour qu'il avait sur ses genoux une bible de famille qu'il tenait ouverte en plusieurs endroits, une dame qui venait voir sa mère, lui demanda en riant s'il cherchait un texte pour un sermon : « Non, répondit-il, je cherche seulement en quoi les Évangélistes diffèrent, car ils ne s'accordent pas tous sur la vie de Jésus-Christ. »

Vers le milieu de sa septième année, il partit pour l'Angleterre, sous la protection de son oncle maternel, le capitaine Smith; c'est là qu'il fit ses premières études dans des écoles voisines de Londres. Partout il étonna par son esprit ses condisciples et ses maîtres, en même temps qu'il se les attachait par les qualités de son cœur. A l'école de Chiswick, il donna les premiers signes de son aptitude pour la poésie : on avait donné la mort de Charles 1er pour sujet de vers anglais; la pièce du jeune Brown contenait de si grandes beautés, qu'on la jugea digne d'être imprimée dans un magasin littéraire. A l'école de Bromley, où le réglement n'infligeait comme punition aux élèves que des vers à apprendre par cœur, il était presque impossible de punir le seul Tom Brown, *the little laugher* (1), car il lui suffisait de lire une fois ou deux ce qu'on lui donnait à apprendre, pour aller un instant après le réciter au maître étonné.

Toutefois le jeune élève n'abusait pas trop de ses avantages aux dépens de la discipline. Il est vrai qu'on ne le voyait presque jamais travailler comme ses autres condisciples, parce que sa prodigieuse mémoire lui laissait presque toute sa liberté. Mais il ne perdait cependant pas son temps; il lisait beaucoup. Tout l'argent de ses menus plaisirs était consacré à louer des livres; tous les deux jours il se dérobait à la surveillance pour aller chercher un ouvrage qu'on déposait pour lui sous la porte de la cour de récréation. Il épuisa ainsi plusieurs cabinets de lecture, et lorsqu'il quitta l'école, outre le grec et le latin et tout ce qui s'enseigne à la jeunesse, il connaissait la littérature anglaise presque tout entière.

Il resta en Angleterre jusqu'à la fin de 1792, époque de la mort de son oncle. Retournant alors dans sa patrie, il entra à l'Université d'Édimbourg, où il étudia d'abord la logique sous Finlayson.

Les longues vacances des universités écossaises lui permirent de passer une partie de l'été de 1793 à Liverpool, où il eut l'avantage d'être présenté à l'élégant biographe de Burns, Currie. Celui-ci, devinant presque aussitôt le génie de son jeune ami,

---

(1) *Le petit rieur :* c'est ainsi que l'appelaient ses condisciples.

lui fit lire le premier volume des *Éléments de la philosophie de l'esprit humain*, que D. Stewart venait de publier. Cette lecture fit sur Brown une impression profonde, et il s'attacha dès lors à l'étude de la philosophie.

L'hiver suivant, il put entendre les leçons de l'auteur dont l'ouvrage l'avait si vivement intéressé. Il fut d'abord frappé de l'admirable éloquence de Stewart, mais sous la pompe et les images de son style, il sentit bientôt le vague de ses théories trop peu analytiques. Déjà il tardait au disciple de combattre le maître. Malgré son respect et son admiration pour l'illustre professeur, il osa un jour se présenter à lui à la fin d'une leçon, et lui demanda avec beaucoup de modestie la permission de lui lire quelques observations qu'il avait écrites sur un point de ses doctrines. Stewart l'écouta avec bonté, puis avec un sourire d'étonnement et d'admiration, il lui lut une lettre qu'il avait reçue du savant Presvost de Genève, et qui contenait des objections exactement semblables. Dès ce moment Stewart l'honora de son amitié.

A l'étude de la philosophie, Brown joignait celle des lettres et des sciences. Il suivait tous les cours de l'Université, qui jetait alors un vif éclat, et qui comptait au nombre de ses professeurs les Robison, les Black et les Playfair.

Ce fut à cette époque qu'il lut un ouvrage qui commençait à exciter l'admiration du monde savant : la *Zoonomie* de Darwin. Brown l'annota d'abord à la marge, selon sa coutume, et bientôt après rassemblant ses idées éparses, il en forma un volume qu'il publia à Edimbourg en 1798, sous le titre d'*Observations sur la Zoonomie du Dr Darwin.*

Cet ouvrage d'un jeune homme de dix-huit ans n'a peut-être, dit Makintosh (1), jamais été égalé par aucun auteur de cet âge. Il fut approuvé par D. Stewart, et loué dans toutes les publications périodiques du temps. On crut que c'était l'œuvre d'un homme fait et d'un philosophe consommé. On y trouve la réfutation de la théorie des vibrations de Darwin, l'origine de la méthode de Brown, et le germe de ses idées sur la causalité et sur l'abstraction.

Avant la publication de cet ouvrage, en 1796, Brown était entré dans la *Société littéraire*, formée par les étudiants d'Edimbourg dans le but de discuter ensemble les questions de l'enseignement universitaire, et de se former dans l'art de parler en public. En 1797 il avait été l'un des fondateurs d'une société plus choisie qui s'était séparée de la première, sous le titre d'*Académie des sciences naturelles* (Academy of Physics). Cette société nouvelle ne se proposait rien moins que « *l'investigation de la nature, l'étude de ses phénomènes et de ses lois, et l'histoire des opinions sur ces matières.* » Elle comptait au nombre de ses membres des hommes devenus depuis célèbres à différents titres, tels que Brougham, Erskine, Reddie, Horner, Jeffrey et Leyden.

Cette *académie* a de l'importance dans l'histoire

(1) *Dissertation on the progress of Ethical philosophy*, page 170; Boston, 1856.

des lettres sous un autre rapport : c'est dans son sein que fut créé un journal qui commença dès lors à exercer une grande influence sur l'opinion publique; nous voulons parler de la *Revue d'Édimbourg*, à laquelle Brown coopéra quelque temps; il y fit paraître plusieurs articles importants, entre autres une critique sévère de l'ouvrage de Villers sur la phrénologie. Nous remarquerons en passant que si, dans sa jeunesse, Brown a combattu la science des phrénologistes, il lui devint plus favorable vers la fin de sa vie.

Brown s'était d'abord destiné au barreau, et dans ce but il avait commencé dès 1796 à suivre les cours de droit. Mais il abandonna bientôt cette étude pour une autre plus appropriée à ses goûts. Il étudia la médecine jusqu'en 1803, époque à laquelle il prit le grade de docteur.

Sa thèse avait pour titre *De Somno*. L'élégance et la pureté du style furent admirées des littérateurs; la nouveauté des aperçus lui concilia l'amitié de Grégory, médecin distingué, qui se l'associa, quelques années après, dans l'exercice de sa profession. Brown n'avait jamais cessé de cultiver la poésie, qu'il paraît avoir préférée à tout, même à la philosophie. Aussi se hâta-t-il, peu de mois après avoir reçu le grade de docteur, de publier deux volumes de pièces de divers genres.

Déjà connu comme poëte, il n'attendait que le moment de se présenter au public comme philosophe. Une circonstance particulière lui offrit bientôt l'occasion de satisfaire sa généreuse ambition et de montrer en même temps la noble indépendance de son caractère. Le savant Leslie s'était présenté comme candidat à la chaire de mathématiques, devenue vacante; le clergé voulut s'opposer à son élection. C'était, depuis quelques années, un parti pris chez les ecclésiastiques d'Édimbourg de prétendre au droit exclusif d'occuper toutes les chaires de l'Université. Pour faire échouer la candidature de Leslie, qui était laïque, on intrigua auprès des électeurs. Mais, comme on ne pouvait contester sa supériorité sur tous ses rivaux, on essaya de le faire échouer en attaquant ses principes religieux. Dans son ingénieux *Essai sur la chaleur*, il avait dans une note approuvé la doctrine de Hume sur la *causalité*. Ce prétexte suffit; il fut accusé de partager toutes les opinions d'un *ennemi déclaré de la morale et de la religion.*

Brown ne put rester tranquille spectateur d'une lutte où se trouvaient en jeu les intérêts de la science et l'honneur de l'Écosse, quoiqu'il ne connût point Leslie personnellement; il s'indigna de voir un homme comblé d'honneurs en Angleterre, méconnu dans son propre pays et presque victime d'une obscure coterie; il s'offrit de lui-même pour le défendre, et tandis que d'autres cherchaient une explication plus favorable du passage attaqué, et que Leslie lui-même faisait quelques concessions à ses adversaires, il entreprit hardiment de prouver que la doctrine de Hume, bien qu'erronée sous certains rapports, ne renfermait cependant aucune conséquence capable d'ébranler les fondements de la morale et de la religion. Le premier livre qu'il publia, dans ces circonstances, était intitulé *Examen de la théorie de Hume sur la relation de la cause à l'effet.* Cet ouvrage eut un grand succès ; dès l'année 1806 il obtint une seconde édition. Deux années plus tard, en 1808, l'auteur le refondit en entier, le compléta et le publia sous le titre nouveau de *Recherche sur la relation de la cause à l'effet.*

Brown avait toujours aspiré au professorat. En 1799, il avait été proposé pour une chaire de rhétorique à l'Université d'Édimbourg. Mais des intrigues semblables à celles qui avaient failli être un écueil pour Leslie, l'empêchèrent de réussir. Quelques années plus tard, à la mort de Finlaison, ses amis et un grand nombre de personnages influents réunirent tous leurs efforts pour le faire nommer à la chaire de logique. Tout fut inutile, le clergé prévalut une seconde fois, et on accorda à un autre l'honneur que Brown seul méritait.

Trompé dans ses espérances, il n'en poursuivit pas avec moins d'ardeur ses études littéraires et scientifiques, tout en continuant à se dévouer aux devoirs de la profession qu'il exerçait avec le plus grand succès, toujours conjointement avec le Dr Grégory.

Cependant le moment n'était pas éloigné, où il devait parvenir enfin à une position plus en rapport avec ses habitudes et avec ses inclinations. Dugald Stewart se sentait affaibli par l'âge ; obligé de prendre un suppléant, il choisit Brown comme le plus capable de le remplacer. Ce fut pendant l'hiver de 1808 à 1809 que le jeune professeur parut une première fois dans la chaire de philosophie morale. Il y reparut encore l'année suivante, à la prière de son illustre protecteur, dont il lut la lettre suivante dans son discours d'ouverture :

« Kinneil-House, Borrowstone, le 30 décembre 1809.

« A M. LE DOCTEUR BROWN.

« Mon cher Monsieur, l'état de ma santé ne me
« permet pas de reprendre mon cours mercredi
« prochain ; je suis donc forcé de recourir encore
« une fois à votre amicale obligeance, et je vous prie
« de vouloir bien me remplacer pendant quelque
« temps. Deux leçons par semaine ou tout au plus
« trois suffiront, je crois, pendant mon absence.
« Je désirerais (si toutefois cela vous était aussi
« agréable) que vous voulussiez bien vous occuper
« principalement des *facultés intellectuelles de*
« *l'homme*. C'est une partie du cours dont je ne me
« suis pas assez occupé cette année, dans l'espérance
« de pouvoir, en resserrant mon plan, traiter plus
« complétement les questions de morale ; j'avais
« donc abordé ce sujet quelques jours avant les
« vacances, et c'est mon intention de poursuivre,
« aussitôt que je pourrai recommencer mes leçons.

« Je ne serai tranquille que lorsque j'aurai reçu
« votre réponse à cette lettre.

« Je suis, mon cher Monsieur,

« votre sincère ami,

« D. STEWART. »

Le succès de Brown fut complet; l'admiration qu'il excita fut telle, qu'au mois de mai de la même année il fut définitivement nommé adjoint du professeur de philosophie morale, titre qu'il conserva jusqu'à sa mort.

Ce fut pendant les premières années de son enseignement qu'il rédigea ses *Leçons de la philosophie de l'esprit humain*. Mais au bout de quelque temps, devenu entièrement maître de son sujet, il put se livrer à quelques distractions littéraires, et il revint à la poésie. En 1814, il acheva un poëme qu'il avait commencé depuis plusieurs années, le *Paradis des Coquettes*, qui paraît être le plus solide fondement de sa réputation comme poëte. Il publia successivement plusieurs autres petits poëmes, savoir : le *Voyageur en Norwège* (the wanderer in Norvay), dans l'hiver de 1815; le *Berceau du printemps* (the Bower of spring), dans l'automne de 1816; et enfin *Agnès* en 1818. Toutes ses poésies, y compris celles qu'il avait publiées en 1803, ont été, après sa mort, réunies en quatre volumes in-octavo, sous ce titre : *The poetical works of Dr Thomas Brown, Edinburg*.

Voici le jugement d'Erskine sur Brown, considéré comme poëte. « Ses poëmes, dit-il, ne sont pas écrits dans le style des franches et fortes émotions. Ils touchent une corde trop délicate pour obtenir la sympathie universelle. Ils sont dans une langue inconnue à la moitié, on pourrait dire aux dix-neuf vingtièmes des lecteurs (1). »

---

(1) *Welsh's life of Brown*, page 431.

Après la publication de ses poëmes, Brown reprit ses travaux philosophiques. En 1819 il commença la rédaction de ses *Esquisses de la Physiologie de l'esprit humain*, ouvrage qui devait renfermer la substance de ses *leçons;* il s'en occupa avec beaucoup d'ardeur pendant toute cette année. Mais ce travail intense altéra sa santé; la circulation du sang devint si active, que son pouls marquait trente pulsations de plus qu'à son état habituel. Ces symptômes, auxquels il avait toujours été plus ou moins sujet, lorsqu'il étudiait ou qu'il composait, ne l'alarmèrent que faiblement d'abord.

Dans cet état les saignées lui procuraient un soulagement; on lui conseilla d'essayer ce remède; il s'y refusa dans la crainte de ne pouvoir reprendre son cours à la rentrée des universités qui approchait. Il fut cependant obligé de retarder de quelques jours l'ouverture de son cours. Lorsqu'il remonta en chaire, il arriva par malheur que le sujet qu'il avait à traiter fut un de ceux qui avaient coutume d'agir le plus fortement sur son âme tendre et délicate; c'était la trente-cinquième leçon du cours qui se termine par la citation suivante de l'*Hermite* de Beattie : « Il fait nuit; le paysage ne charme plus les yeux; je pleure ! Mais ce n'est point sur vous, forêts; ni sur vous, prairies! Car il reparaîtra, le matin qui doit vous rendre votre beauté, vos doux parfums et votre rosée étincelante. Ce n'est point non plus sur les ravages de l'hiver que je pleure ! Car la douce nature protége dans leurs enveloppes les germes des fleurs. Mais quand le printemps visitera-t-il la cendre des sépulcres? Quand fera-t-il jour dans la nuit du tombeau? »

Ce fut sa dernière leçon.

Son mal dès lors ne fit qu'empirer. Les médecins lui conseillèrent de changer de climat. L'idée seule de quitter l'Écosse, qu'il avait toujours aimée, le contrista d'abord. « On veut, dit-il avec tristesse et avec un peu d'humeur, on veut que je me rende à Londres pour aller de là à Livourne et à mille autres endroits affreux. Faut-il qu'il se trouve des hommes qui aient tant de peine à comprendre qu'il existe un mal différent des douleurs physiques et qu'on appelle le mal du pays? » Il céda pourtant aux conseils de ses amis et aux instances de sa famille. Il partit pour Londres, accompagné de ses deux sœurs. De là il fut transporté à Brompton, où il mourut le 20 avril 1820, à l'âge de quarante-deux ans. Son corps fut mis dans un cercueil de plomb, transporté en Écosse et déposé dans le cimetière de Kirkmabreck, conformément aux vœux exprimés ainsi dans son testament : « Je désire être enterré de la manière la plus simple, dans ma paroisse natale, à côté de mon cher père et de ma chère mère. »

On peut appliquer à Brown le passage suivant d'une préface de l'un de ses poëmes : « Quand on considère, dit-il, ce qui reste, après une dernière maladie, de tous ces nobles projets formés dans l'ardeur de la jeunesse, et que l'on compare ce qui a été réalisé aux honneurs qu'auraient apportés quelques années de plus, il est impossible de ne pas se former une image plus terrible de la mort, qui étend son empire sur l'avenir aussi bien que sur le présent (1). »

Avait-il alors un pressentiment de sa mort? Quoi qu'il en soit, il fut enlevé au milieu de ses travaux et de sa gloire, au moment même où son talent, parvenu à sa maturité, faisait espérer qu'il rendrait encore de plus grands services à la philosophie, en même temps qu'il ajouterait à sa réputation littéraire.

La mort de Brown excita partout des regrets profonds. Il existe un grand nombre de lettres adressées à ses amis à l'occasion de ce douloureux événement. Nous n'en traduirons qu'une; elle est d'Erskine à Robert Anderson:

Bombay, le 26 août 1820.

« Il y a huit jours, j'ai lu dans les journaux le récit
« de la mort du Dr Thomas Brown, à Brompton, dans
« la quarante-deuxième année de son âge. Vous
« pouvez vous imaginer l'effet que fit sur moi une
« nouvelle si inattendue et si douloureuse. Je crains
« bien que ces affections pulmonaires et cette fai-
« blesse de poitrine dont il se plaignait, n'aient été
« à la fin fatales au premier métaphysicien et à l'un
« des plus excellents hommes de notre temps.
« L'étendue de ma perte, je ne pourrais l'exprimer.
« Pendant vingt-sept ans, il a été de tous mes amis
« celui pour lequel j'avais le plus d'amour et d'estime.

(1) *Poetical works*, vol. II, pag. 92. 2e série.

« Il m'aimait au delà de mon mérite, et sa perte
« change tous mes projets de retour en Angleterre.
« Son souvenir se mêlait à toutes mes pensées. En
« mourant il laisse en moi un vide que personne ne
« pourra remplir. J'ignore si je dois un jour revoir
« ou non le pays de mes ancêtres; mais dans mes
« plans d'étude, dans mes promenades d'été et pour
« mes délassements des vacances de Noël, c'était lui
« que ma pensée m'offrait pour guide et pour compa-
« gnon futur. Tout cela me paraît indifférent et insi-
« pide maintenant que je ne dois plus le revoir. Il a
« succombé aussi dans un moment déplorable. C'est
« en décembre dernier seulement que j'ai lu la troi-
« sième édition de son livre intitulé *Cause et effet*,
« et je lui avais écrit ce que j'en pensais, dans une
« lettre qu'il ne lira jamais. C'est une œuvre admi-
« rable qui, selon moi, met la métaphysique sur une
« nouvelle voie. Il me tarde d'avoir de nouveaux
« détails sur cette triste mort qui l'a enlevé à ses
« amis et à sa gloire naissante. Toutes mes vues
« pour l'avenir sont confondues, tous mes plans
« bouleversés. *Quando ullum inveniam parem?* un
« long adieu! »

Ce malheur inattendu n'affligea pas seulement ceux que Brown honorait de son amitié. La douleur fut générale; l'Écosse tout entière pleura la perte de celui qu'elle aimait et qu'elle admirait.

Dans l'excès de leur surprise et dans l'amertume de leurs regrets, ses amis pouvaient sans doute lui appliquer les vers du poëte :

> Nec quidquam tibi prodest
> Acrias lentasse domos, animoque rotundum
> Percurrisse polum morituro.

Il leur était bien permis de s'exagérer aussi la perte que la philosophie venait de faire. Mais la postérité, placée loin des émotions que dut exciter cette mort prématurée, et tout en la déplorant, se consolera par la pensée qu'après tout Brown avait accompli à peu près tout ce que la science pouvait attendre de lui. Les ouvrages qui doivent assurer sa gloire étaient sinon publiés, du moins rédigés. L'auteur, s'il eût vécu, n'en aurait pu perfectionner que la forme ; le fonds serait toujours resté le même. Il laissait sans doute quelques ouvrages inachevés, d'autres à peine commencés ; mais ils ne sont que d'une importance secondaire ; et d'ailleurs dans ce qu'il nous a laissé de complet, on trouve la solution de toutes les questions importantes, telles qu'il les comprenait, et en ce qui touche à la méthode et en ce qui concerne les résultats généraux ; en un mot, le *Cours de philosophie* peut suppléer à tout.

Ses amis s'occupèrent de la publication de ses ouvrages. David Welsh avait été chargé de l'impression des *Esquisses de la physiologie de l'esprit humain,* ouvrage inachevé (un volume in-octavo, Edimbourg, 1820). Les *Leçons sur la philosophie de l'esprit humain,* au nombre de cent, furent imprimées d'après ses manuscrits, et telles qu'elles avaient été ou devaient être prononcées. Cette importante publication fut commencée par John Stewart, qui avait été chargé de remplacer Brown pendant sa maladie ;

et après le décès de J. Stewart, qui mourut pendant l'impression, elle fut achevée par Edward Milroy. L'ouvrage parut à Édimbourg en 1822; il forme quatre volumes in-octavo; et depuis il a été fréquemment réimprimé. Welsh en donna quelques années plus tard, en 1830, une édition corrigée et perfectionnée, en tête de laquelle il mit une intéressante *Notice sur l'Auteur*. Cette édition en un seul volume in-octavo compacte, à deux colonnes, est stéréotype, il en a été fait plusieurs tirages. Ces leçons eurent un succès prodigieux : en 1834 on en comptait déjà huit éditions; celle que nous avons sous les yeux est de 1845 et elle est la quinzième.

Outre ces écrits, Brown avait conçu le plan de plusieurs autres ouvrages qu'il n'eut pas le temps de mettre à exécution. Après ses *Esquisses* il se proposait de donner au public des *Essais de morale*, puis une *Théorie de la vertu et de la beauté*. Heureusement nous trouvons dans les leçons tout ce qui peut jusqu'à un certain point suppléer à cette perte. Il n'en est pas tout à fait de même d'un ouvrage qu'il projetait sur la *Philosophie de l'investigation physique*. Nous trouvons bien dans ses différents écrits des indications suffisantes sur ce sujet, mais elles sont éparses et elles auraient besoin d'être rassemblées en un tout scientifiquement constitué. Il avait en outre l'intention de compléter sa philosophie proprement dite par un cours d'*économie politique*, et l'on a trouvé dans ses manuscrits des notes nombreuses sur cette branche importante de la philosophie sociale; mais elles sont écrites suivant des procédés sténographiques que l'auteur avait adoptés dans sa jeunesse et dont il n'a pas donné le secret. Il avait aussi commencé un *Essai sur la chaleur*, dont on n'a retrouvé que des fragments assez étendus, il est vrai, mais qui ne contiennent que l'histoire des opinions émises avant lui sur ce sujet.

Tels furent les travaux de Brown ; commencés dès sa plus tendre jeunesse ou plutôt dès son enfance, il ne les interrompit qu'à la mort.

Sa vie, d'ailleurs constamment uniforme et paisible, fut la vie d'un savant; ajoutons qu'elle fut aussi celle d'un sage.

Aux douces rêveries du poëte, aux sévères méditations du philosophe, il joignait la pratique de toutes les vertus de l'homme et du citoyen. Son cœur était au foyer domestique, et tout son bonheur dans les joies de la famille. Idole de deux sœurs qui ne vivaient qu'en lui, il était l'orgueil et l'amour d'une mère dont il berçait les vieux jours.

Avec une imagination pleine de feu, il sut néanmoins se préserver des passions qu'elle allume dans les âmes ardentes.

Les amis de son enfance et de sa jeunesse furent les amis de son âge mûr; et jamais ils ne purent trouver en lui que deux défauts : l'amour de la gloire, la dernière passion du sage, et une sorte d'irritabilité nerveuse dans la discussion. Le poëte s'impatientait des objections faites au philosophe.

Son caractère, d'une douceur inaltérable, ne manquait cependant pas d'énergie. Naturellement honnête et fier, il avait pour le crime et surtout pour le crime heureux et hypocrite

> Ces haines vigoureuses
> Que doit donner le vice aux âmes vertueuses.

Plein d'un amour antique de la liberté, il poursuivait de son indignation et de son mépris le servilisme et la lâcheté.

Dans le commerce du monde, qu'il fréquentait du reste comme malgré lui, il était vif et gai, quelquefois caustique. Dans sa conversation, facile et brillante comme son style, il s'abandonnait peut-être trop à l'exubérance de son imagination; et en général il y montrait plus d'esprit que d'*humour*.

Enfin dans ses rapports avec tous ceux qui l'approchaient, Brown était d'une bienveillance affectueuse et prévenante. « Telle était, dit David Welsh, la tendresse et la vivacité de sa sympathie qu'il ne pouvait voir souffrir aucun être vivant. Ceux qui ont un cœur froid, auraient souri peut-être, s'ils avaient été témoins de sa sollicitude et de sa patience à soulager les souffrances d'animaux qu'ils auraient à peine jugés dignes d'attention. Il regardait les devoirs de l'homme envers les bêtes comme une branche très-importante de la morale. Il croyait qu'un grand nombre des animaux avaient le sentiment du juste et de l'injuste, et que l'argument métaphysique qui prouve l'immortalité de l'homme s'applique avec une égale force aux autres classes de la création animée (1). »

(1) *Life of Brown*, p. 460.

Brown croyait-il donc, comme Charles Bonnet, à une ascension graduelle dans l'échelle des êtres, au passage successif d'un règne dans un autre et au perfectionnement indéfini de toutes les espèces ? On serait tenté de le supposer.

Nous pouvons déjà nous faire une idée des talents naturels de Brown : activité d'esprit, rapidité de conception, imagination vive, sensibilité délicate, noblesse du cœur, rien ne lui manquait. Que l'on joigne à tout cela une mémoire prodigieuse, et l'on comprendra quelle puissance devaient ajouter à ces facultés natives une application constante et une étude infatigable. Aussi sa vaste intelligence a-t-elle embrassé le cercle entier des connaissances humaines : sciences naturelles, médecine, droit, histoire, économie politique, arts et belles-lettres, tout lui était familier.

Il avait profondément étudié la méthode philosophique : la théorie dans Descartes et Bacon, la pratique dans Mallebranche et Locke. Il connaissait dans tous leurs détails les doctrines de Condillac, de Destutt de Tracy surtout et peut-être même de Laromiguière ; l'on peut affirmer, sans crainte de se tromper, que la philosophie française lui était beaucoup mieux connue que celle de son propre pays.

Si la connaissance des modernes est une préparation suffisante à l'étude de la philosophie, Brown pouvait s'approcher du sanctuaire, car il la possédait à fond ; mais il faut dire aussi qu'il n'allait pas beaucoup au delà, car il ne paraît pas avoir fait une étude bien approfondie des systèmes de l'antiquité ; et quant à la philosophie scolastique, on dirait, chaque fois qu'il en parle, que c'est avec un sentiment de pitié et quelquefois même avec une sorte de dédain.

Cette indifférence de Brown pour l'antiquité et ce manque de respect pour les doctrines du moyen âge avaient leur source dans son esprit tout cartésien d'indépendance philosophique. Il se défiait des livres, et, pour étudier l'homme, il préférait rentrer en lui-même et interroger sa conscience.

Il était en outre un polyglotte assez distingué : D'après Welsh, « il lisait le français, l'italien et l'allemand avec autant de facilité que l'anglais. Il lisait aussi l'espagnol et le portugais, quoique moins couramment. La littérature française lui était aussi familière que celle de son propre pays. »

En effet, tous ses écrits abondent en citations d'auteurs français. Outre nos philosophes proprement dits, ceux dont il se complaît à invoquer l'autorité sont Montaigne, Pascal, d'Alembert, Montesquieu, Voltaire, Rousseau, Fontenelle, Saint-Lambert et Diderot ; il cite en outre un assez bon nombre de nos grands écrivains tels que Racine, Labruyère, Massillon, et beaucoup d'autres.

En apprenant l'allemand, Brown n'avait eu qu'un but, celui d'étudier dans leur propre langue les philosophes dont la renommée commençait à se répandre. De 1798 à 1803 « il fut, dit Welsh, plongé dans l'étude de la philosophie allemande (1). »

(1) *Life of Brown*, pag. 79.

Mais un esprit comme le sien, pénétré des principes de la méthode baconienne, élevé, pour ainsi dire, dans l'école de Condillac et des écrivains français dont le langage ennemi de l'obscurité repousse toute espèce de rêveries, pouvait-il se complaire aux abstractions métaphysiques et aux combinaisons logiques des penseurs de l'Allemagne?

Tout nous porte à croire qu'il y avait antipathie naturelle entre son génie et l'esprit teutonique, et ce qui nous confirme dans cette opinion, c'est l'anecdote suivante de David Welsh. « Je venais, dit celui-ci, de lire un ouvrage philosophique récemment publié et déjà célèbre, j'en avais été frappé d'admiration. Il m'arriva d'en parler à Brown; j'en faisais devant lui le plus grand éloge. Mais je m'aperçus qu'il ne partageait pas mon enthousiasme; et comme je voulais passer à un chapitre particulier qui m'avait paru très-remarquable : — Attendez, me dit-il, je ne suis pas bien sûr de me rappeler au juste la pensée de votre auteur sur le sujet dont vous venez de parler; voudriez-vous résumer en deux mots ce qu'il a voulu dire? — J'essayai, mais ce fut avec une peine infinie que je pus en venir à bout; et je compris qu'il s'était servi de ce moyen pour me convaincre par moi-même qu'il y avait dans mon auteur favori un manque de précision, et que, me laissant éblouir par son éloquence, je n'avais remarqué ni le vague de ses idées, ni l'obscurité de quelques-uns de ses principes (1). »

(1) *Life of Brown*, pag. 334.

Cet ouvrage que Welsh venait de lire, et qu'il cessait dès lors d'admirer, était un ouvrage allemand; l'anecdote ne dit ni de qui, ni lequel, mais elle prouve au moins que Brown n'avait l'habitude de se laisser séduire ni par la pompe du style, ni par la grandeur apparente des idées dans un ouvrage de quelque part qu'il vînt.

De tous les philosophes de sa nation, Brown fut le plus populaire; sa doctrine se répandit rapidement en Écosse, dans les autres parties de la Grande-Bretagne et jusqu'en Amérique, où un abrégé de ses leçons sert de base à l'enseignement dans presque toutes les écoles.

Depuis, l'opinion a eu ses retours. On a réclamé contre cette immense réputation; on a contesté ses découvertes et même sa probité d'écrivain. La réaction, dirigée surtout par William Hamilton, a été si loin, qu'on a enfin refusé à Brown des facultés qu'il possédait à un degré éminent, et qu'on a nié les progrès qu'il a fait faire à la science.

De toutes les qualités du métaphysicien, il en est une pourtant que ses adversaires eux-mêmes n'ont jamais osé lui disputer; c'est la plus importante peut-être dans un philosophe : je veux dire son incomparable talent d'analyse.

A l'appui de cette assertion, nous citerons un passage qui contient en même temps les principaux chefs d'accusation contre notre auteur. Ce morceau ne peut être suspect, car il est d'un partisan et d'un admirateur de W. Hamilton, de William Spalding, professeur de rhétorique et de philosophie à l'Université de Saint-Andrews.

« Thomas Brown, dit-il, porta dans l'étude des phénomènes intellectuels une finesse et une subtilité dont on ne trouve peut-être point d'exemple dans toute l'histoire de la philosophie. Quelques-unes de ses dissertations psychologiques sont des chefs-d'œuvre d'analyse. Mais il se soucie fort peu des opinions de ses prédécesseurs; aussi ne s'est-il jamais arrêté pour se demander à lui-même si une vérité qu'il paraît avoir découverte ne pourrait pas être en contradiction avec quelque autre point de doctrine sur lequel il s'était déjà prononcé avec la même confiance. Malgré sa prodigieuse sagacité, son génie manque entièrement d'étendue. Il a été prouvé aussi que, dans ses recherches précipitées, il s'était mépris sur le véritable état des questions métaphysiques les plus importantes. De plus, la doctrine qu'il emprunte à des écrivains antérieurs, et qui sert de clef de voûte à son système symétrique de psychologie, savoir : (que tous les phénomènes intellectuels ne sont que des modes variés d'*association* ou de *suggestion*), est une doctrine dont il ne serait point téméraire de dire qu'au lieu de résoudre les difficultés, elle les élude simplement. Son style, quoique dénué de vigueur et laissant à désirer sous le rapport du goût, ne manque cependant ni de couleur ni de vivacité. Ses leçons sont en général d'une lecture facile et pleine d'intérêt. Il est probable que jamais ouvrages de psychologie ne furent si populaires (1). »

(1) *The history of english litterature, by William Spalding.* 1 vol., Edimburg, 1853, pag. 394.

W. Spalding n'est ici que l'écho de W. Hamilton : toute la substance de la polémique de ce dernier contre Brown est là. Nous aurons à nous prononcer entre les admirateurs et les adversaires de Brown, nous dirons ce qu'il a ajouté à la science, nous indiquerons les sources où il a puisé, nous lui ferons sa part d'originalité, et si nous réussissons à faire connaître sa doctrine, nous aurons prouvé, non pas qu'il est le *premier métaphysicien* des temps modernes, mais qu'il est au moins supérieur à Reid et par conséquent à D. Stewart, et surtout qu'il est infiniment au-dessus de W. Hamilton.

Toute la doctrine philosophique de Brown est renfermée dans ses deux ouvrages principaux : La *Recherche sur la relation de la cause à l'effet* et les *Leçons sur la philosophie de l'esprit humain.*

Nous les examinerons successivement.

RECHERCHE

SUR LA

RELATION DE LA CAUSE A L'EFFET

RECHERCHE

SUR LA

RELATION DE LA CAUSE A L'EFFET

(*Inquiry into the relation of cause and effect*

London, 1835; fourth. edition)

INTRODUCTION

Le premier ouvrage important de Brown est son traité sur la relation de la cause à l'effet.

Puisque les objets de nos connaissances, quels qu'ils soient, ne peuvent se considérer que dans l'espace, c'est-à-dire dans leur composition intime et dans leurs éléments constitutifs, ou bien dans le temps, c'est-à-dire dans la succession des changements qu'ils peuvent causer ou subir, nous devons féliciter l'auteur d'avoir été conduit, soit par les circonstances, soit par l'instinct du génie, à commencer ses investigations philosophiques par l'examen d'une question qui domine toute une partie de la science.

Nous exposerons d'abord la théorie de Brown, ayant soin, pour la présenter dans toute sa force, de répondre en passant aux objections qui ont pu lui être faites ; nous en signalerons ensuite les mérites et les défauts ; et enfin nous tâcherons de suppléer à ce qui lui manque, en indiquant ce qui est contenu dans la *conception étiologique,* considérée dans sa nature, son origine, sa valeur et sa portée.

I. — EXPOSÉ DE LA DOCTRINE.

Brown a divisé son ouvrage en quatre parties : dans la première, il recherche ce qui constitue la relation de la cause à l'effet, et dans la seconde, ce qui l'a fait méconnaître à la plupart des philosophes ; dans la troisième, il détermine les circonstances dans lesquelles la croyance à la relation naît dans l'esprit, et enfin dans la quatrième, il réfute ce qu'il appelle les erreurs de Hume, en même temps qu'il défend ce dernier contre ceux de ses adversaires qui interprétaient faussement sa théorie de la *puissance.*

Les trois premières questions épuisent, selon Brown, toute la philosophie de la causation.

La substance de sa doctrine sur la relation de la cause à l'effet nous paraît contenue dans la définition suivante : *Une cause est ce qui précède immédiatement un changement quelconque, et qui, dans des circonstances semblables, a été et sera, en tout temps, immédiatement suivi d'un changement semblable* (1).

Une simple conversion de termes lui donne la définition de l'effet.

Ce qu'on appelle *puissance* n'est pour lui qu'un mot servant à exprimer d'une manière abstraite et rapide ce rapport de priorité invariable.

Les mots *propriété* et *qualité* n'ont point non plus d'autre valeur. « Les *pouvoirs*, dit-il, les *qualités* ou les *propriétés* d'une substance ne doivent pas être regardés comme quelque chose qui vienne s'y ajouter ou qui en soit distinct. Tout cela n'est rien autre chose que la substance elle-même, considérée par rapport aux changements qui surviennent lorsqu'elle existe dans des circonstances particulières (2). » En d'autres termes : « Nous donnons le nom de *cause* à l'objet que nous croyons être l'*antécédent* invariable d'un changement particulier; nous donnons le nom d'*effet* à ce *conséquent* invariable; et la relation elle-même, considérée abstractivement, prend la

(1) Pag. 15.
(2) Pag. 16.

dénomination de *puissance* dans l'objet qui est l'*antécédent* invariable, et de *susceptibilité* dans celui qui nous offre, dans son changement, le *conséquent* invariable (1). »

Ces assertions, Brown essaie de les justifier par l'examen successif des phénomènes du monde matériel, intellectuel et divin. Mais avant de le suivre dans cette discussion, tâchons de mettre dans tout son jour l'idée qui, vraie ou fausse, sert de base au système, et de repousser d'avance les objections par lesquelles on est d'abord tenté de l'attaquer.

Reprenons sa définition de la *cause*. C'est, dit-il, *ce qui précède immédiatement un changement quelconque, et qui, dans des circonstances semblables, a été et sera, en tout temps, immédiatement suivi d'un changement semblable.* Ne pourrait-on pas reprocher à cette définition deux défauts : celui d'être incomplète et celui d'être trop générale? Car est-il bien vrai que, dans la succession des phénomènes, il n'y ait que des *antécédents* et des *conséquents*? N'y a-t-il dans les faits qu'une simple *invariabilité d'antécédence*? N'y a-t-il pas efficacité, force productrice? Les objets ne renferment-ils pas une puissance inconnue, mais immanente et toujours la même,

(1) Pag. 12.

soit qu'ils opèrent, soit qu'ils subissent des changements? Il pourrait donc y avoir *puissance* sans *antécédence* ni *conséquence*, et la définition de Brown risquerait d'être incomplète.

Ne serait-elle pas aussi trop générale? Car n'y a-t-il pas souvent *invariabilité d'antécédence* sans *puissance?* « Il n'est point, dit Reid, de phénomènes qui se soient succédé avec plus de régularité, depuis le commencement du monde, que le jour et la nuit, et cependant on n'a jamais supposé que l'un fût la cause de l'autre. » Il y a donc *antécédence invariable* sans puissance causatrice, et la définition de Brown pèche par trop de généralité.

La réponse à cette dernière objection se trouve, implicitement du moins, dans les termes mêmes de la définition, où il est dit que la cause n'est pas seulement l'*antécédent invariable*, mais aussi son antécédent immédiat : n'est-il pas évident que ces termes impliquent qu'une cause n'est pas toujours ce qui, en apparence, est l'*antécédent* immédiat d'un changement, mais bien ce qui physiquement en est l'*antécédent* immédiat? On répond donc à Reid que, dans la succession du jour à la nuit, l'antécédent réel, c'est la position de la terre par rapport au soleil.

Essayons maintenant de répondre à la première objection : elle accuse Brown de nier la puissance causatrice. Mais, selon lui, la cause n'est pas le simple *antécédent*, mais bien l'*antécédent invariable* d'un changement. Or cette distinction seule ne renferme-t-elle pas toute la différence que l'esprit peut concevoir entre une connexion accidentelle et l'efficacité dont on parle? Croire qu'un événement en précède invariablement un autre, n'est-ce pas admettre tout ce qui est contenu dans la notion de cause? Au fond, entre la doctrine de Brown et la théorie vulgaire, la différence est nulle, ou, si elle existe, elle consiste uniquement en ce qu'il a soin de n'affirmer que ce qui peut être positivement connu et ce qui peut physiquement exister, tandis que ses adversaires s'abandonnent à des suppositions vagues, et se perdent dans le mysticisme d'une efficacité impénétrable. Justifions cette assertion par un examen plus approfondi.

Mettons devant nous deux métaux, un morceau de fer, par exemple, et une pierre d'aimant. Les yeux y voient des couleurs; la main qui les presse éprouve une résistance; si elle les soulève, elle se sent appesantie vers la terre; approchez-les l'un de l'autre, ils s'attachent ensemble: attraction réciproque, pesanteur spécifique, impénétrabilité, couleur, dans tout cela, Brown ne voit que deux substances, et rien que deux, lesquelles, placées dans certaines circonstances, et mises en rapport avec d'autres substances, seront uniformément et toujours suivies de certains changements ; ses adversaires, au contraire, voient quelque chose de plus que deux substances en rapports différents : outre le fer et l'aimant, et dans l'intérieur de leur masse, il existe, d'après eux, certaines *puissances,* distinctes et toujours inhérentes, soit qu'elles agissent, soit qu'elles demeurent à jamais inactives. Peut-on supposer, disent-ils, qu'il n'y ait aucune différence entre la couleur, par exemple, et l'attraction mutuelle de ces deux corps? N'est-il pas évident qu'ils doivent posséder différents *pouvoirs* pour produire des effets si différents? Brown admet bien une différence entre chacun des résultats produits ; mais ce qu'il n'admet pas, c'est qu'il y ait en eux différents *pouvoirs* en vertu desquels ils s'attirent l'un l'autre, tendent vers la terre, résistent à la compression et affectent l'organe visuel.

Non-seulement ce n'est rien expliquer que de faire intervenir un *pouvoir,* un lien quelconque entre un antécédent et un conséquent, c'est doubler la difficulté, c'est rendre plus impénétrable encore le mystère de la causation. « Si, dans une succession de phénomènes, dit-il, on prétend que les substances A, B, C, considérées comme antécédents et comme conséquents, ne sont pas elles-mêmes tout ce qui existe dans la série, mais qu'il y ait dans A le *pouvoir* de produire un changement en B, qu'il y ait dans B le *pouvoir* de produire un changement en C, et que ces pouvoirs doivent être distingués de A et B, de B et C, n'est-il pas évident que ce qui n'est ni A ni B ni C sera lui-même une réalité qu'il faudra ajouter aux autres? X, par exemple, vient se placer entre A et B, et Y entre B et C; mais, par la supposition de ces deux intermédiaires, nous n'avons fait qu'augmenter le nombre des phénomènes, nous n'avons rien obtenu qui diffère des antécédents et des conséquents d'une succession régulière et uniforme; au lieu de A, B, C, nous avons A, X, B, Y, C; mais cette nouvelle série ne nous présente, comme l'autre, que des choses réellement existantes, et il n'importe en rien que leur nombre augmente ou diminue (1). »

Ainsi, d'après Brown, l'examen des phénomènes de la matière ne peut nous fournir rien de plus que ce qui est énoncé dans sa définition. Il n'y a physiquement que des antécédents et des conséquents, avec la croyance dans l'esprit que la succession a toujours eu lieu dans le passé, et qu'elle aura toujours lieu dans l'avenir.

(1) Pag. 22.

Abordant ensuite les phénomènes intellectuels, il examine successivement tous les changements qui ont leur antécédent dans un état antérieur de l'esprit, et qui surviennent soit dans le corps, soit dans l'esprit lui-même. Considérant d'abord les mouvements spontanés du corps, comme lorsque l'activité des fonctions vitales s'accélère ou se ralentit sous l'influence des passions, il n'a aucune peine à démontrer que ces phénomènes intellectuels d'une part et corporels de l'autre présentent une succession analogue à celle des phénomènes purement matériels. Passant ensuite aux mouvements volontaires, il admet bien que l'antécédent dont nous avons alors conscience est marqué d'un caractère différent, mais il nie que la différence affecte en quoi que ce soit son rapport avec le conséquent. L'antécédent diffère; car c'est ici une modification volontaire de l'âme, presque toujours décomposable en d'autres éléments, tels, par exemple, que la conception d'un but quelconque, le désir et quelquefois la confiance de l'obtenir, mais la relation de la cause à l'effet reste toujours la même.

Brown arrive enfin aux phénomènes purement intellectuels, et, recherchant ce qui se passe dans l'esprit, 1° lorsque la pensée succède spontanément à la pensée, 2° lorsque les modifications sont supposées soumises aux ordres de la volonté, il arrive toujours au même résultat; il ne retrouve encore que la simple succession d'un phénomène à un autre, qu'un antécédent et un conséquent; seulement ceux-ci maintenant sont psychologiques; mais cette différence ne peut nous faire imaginer entre eux une liaison plus étroite et plus invariable que celle qui unit les phénomènes du monde matériel.

L'intervention même de la volonté ne change rien à la question : qu'un désir, par exemple, soit l'antécédent d'un autre fait intellectuel, « ce désir, dit Brown, impliquant nécessairement la conception plus ou moins claire d'une fin quelconque, nous avons alors, pendant la durée de ce désir, la conscience d'une série de conceptions diverses naissant d'après certaines lois d'association, des idées qui se succèdent spontanément, sans autre cause que la préexistence d'autres idées relatives. »

C'est sans doute la lecture de ce passage qui a porté un homme de génie, M. Cousin, à prononcer sur Brown un jugement trop sévère dans son *Introduction* aux œuvres de Maine de Biran, où il parle de « la théorie célèbre qui prétend expliquer la relation de la cause à l'effet par le principe de l'association des idées, théorie fantastique qui donne un démenti à la croyance universelle et aux faits, théorie destructive de toute vraie métaphysique et à laquelle le successeur infidèle de D. Stewart et de Reid, homme d'esprit, philosophe assez médiocre, Th. Brown a donné en Angleterre et même en Écosse, et jusqu'en Amérique, une déplorable popularité. »

Sur la foi de l'illustre critique, nous avons lu attentivement tous les ouvrages de Th. Brown, et nous n'avons trouvé nulle part ni la *théorie fantastique* ni les *démentis* dont il est ici question.

Il n'est ombre de tout cela ni dans le traité de la *causalité,* ni même dans les *Leçons sur la philosophie de l'esprit humain,* auxquelles M. Cousin renvoie dans une note. Non-seulement Brown ne prétend pas expliquer la relation de la cause à l'effet par le principe de l'association des idées, mais c'est précisément tout le contraire qu'il s'attache à faire : presque toute la quatrième partie de l'ouvrage qui nous occupe est consacrée à réfuter contre Hume la théorie qui fait dériver la notion de cause de *l'habitude* et de *l'association des idées* dans l'esprit; et la troisième partie tout entière n'a pour objet que de démontrer que l'idée de cause ne s'explique ni par *l'expérience,* ni par le *raisonnement,* mais qu'elle a son principe et son origine dans l'intuition.

Mais n'insistons point sur une simple erreur de fait, peut-être insignifiante après tout. Aussi bien n'est-ce point là précisément la question. Car, au fond, ce qu'on reproche à Brown, du moins ce qu'on est censé lui reprocher, c'est d'avoir une doctrine opposée à celle de Maine de Biran et de son illustre éditeur, c'est d'avoir affirmé que l'influence de la volonté sur les opérations de l'entendement est moins grande qu'on le pense, et qu'un grand nombre de nos idées ne naissent que d'après certaines lois d'association.

Voyons donc si sur ce point même Brown a complétement tort contre ses adversaires, et mettons les deux doctrines face à face. « L'attention, dit M. Cousin, est la condition de toute apperception de conscience. Or l'attention, c'est la volonté; je l'ai prouvé plus d'une fois (1). » Le prouver même une seule fois nous paraît cependant bien difficile. *L'attention*, c'est la *volonté!* soit. Mais l'une et l'autre contient un élément que vous oubliez : quand on est attentif, quand on veut, on est attentif à quelque chose, on veut quelque chose sans doute; un acte d'attention, de volonté n'est possible qu'à la condition d'avoir un objet. Or, avant d'être remarqué, d'être voulu, cet objet doit nécessairement avoir été conçu. Un phénomène volontaire suppose donc une conception antérieure, c'est-à-dire un acte de l'enten-

---

(1) Cours de 1829, tom. 2, leç. 19, pag. 212.

dement; et je conclus non-seulement que la volonté n'est pas la condition de toute apperception de conscience, mais qu'une apperception de conscience est la condition de tout exercice de la volonté. On pose en principe l'empire absolu de la volonté sur l'entendement! Mais de deux choses l'une : cette action de la volonté sur les idées consiste ou à les faire naître dans l'esprit ou à les en bannir; dans le premier cas cette phrase : « je veux penser à quelque chose, » aurait donc un sens! Mais n'y a-t-il pas ici une contradiction manifeste et dans les mots et dans les idées? Car l'objet auquel on veut penser doit être présent à l'esprit avant que la proposition soit prononcée, avant même qu'elle soit conçue. Toute l'influence qu'on peut accorder à la volonté, c'est d'augmenter la vivacité des conceptions déjà présentes à l'esprit; elle ne peut en faire naître une seule directement. Ajoutons qu'il lui est tout aussi impossible de les bannir de l'entendement. La conscience atteste que tous les efforts qu'on peut faire pour chasser une idée importune, ne servent qu'à la graver plus profondément dans l'esprit, de même qu'une passion s'irrite et s'enflamme par les moyens mêmes qu'on emploie pour l'étouffer et l'éteindre.

Mais quand bien même l'influence de la volonté serait aussi réelle et aussi étendue qu'on le suppose, l'enchaînement des phénomènes volontaires, de même que la succession des mouvements spontanés et des faits de l'ordre matériel, ne pourrait, d'après Brown, fournir aucun élément de plus que ceux qui sont impliqués dans sa définition de la cause.

S'il est vrai que cette définition traduise exactement la notion de cause suggérée à l'esprit par les phénomènes dont les créatures nous offrent les manifestations, pour qu'elle soit généralement adoptée, il ne lui reste plus qu'à s'appliquer avec une égale justesse aux opérations de l'être, qui est le principe même de toute *puissance*. La définition pourrait-elle donc s'appliquer à l'action de Dieu sur le monde? A cette question voici ce que répond Brown : « Puisque toutes les idées que nous pouvons nous faire de la nature de la Divinité nous sont suggérées par le spectacle des phénomènes que l'univers présente à notre observation; puisque les notions des attributs divins ne se forment en nous qu'en réfléchissant sur nos propres facultés, sa bonté, en tant que conçue par nous, n'étant qu'un degré supérieur de cette bonté dont nous-mêmes avons conscience, et la notion de sa puissance et de sa sagesse, en tant que manifestée par la grandeur et par l'ordre de l'univers, n'étant qu'une conclusion tirée par analogie de l'ordre que nous établissons nous-mêmes dans ce qui dépend de nous, il paraît à peine possible que notre conception de la *puissance* par rapport à l'Être suprême soit tout à fait différente de l'idée que nous nous en formons par rapport à ses créatures, qui peuvent seules, par le spectacle de leurs changements successifs, nous donner l'idée de l'intervention de Celui qui donna l'être et la vie à tout ce qui n'est pas éternel (1). »

La conclusion est légitime, et la question se trouve résolue, si toutefois l'on consent à se tenir renfermé dans les limites tracées par Brown, et au point de vue choisi par lui; car on voit qu'ici même, comme ailleurs, il se borne à l'examen de l'*idée de cause*. Qu'il ait ou qu'il n'ait pas même soupçonné le *principe de causalité*, peu importe ici. Notre tâche est d'exposer d'abord sa doctrine telle qu'elle est.

Ce n'est donc point comme cause première et nécessaire que Dieu apparaît ici à Brown, mais commé providence. Dieu donc conserve tout; mais intervient-il dans tous les événements d'une manière directe? et faut-il admettre la théorie vulgaire qui distingue des causes *physiques* et des causes *efficientes?* Brown la rejette à l'exemple de Hume (2), dont il reproduit presque tous les

---

(1) Pag. 78.
(2) *Hume's Essays*, chap. VII, part. I.

arguments. « Si la matière, dit-il, est incapable d'agir sur la matière ou sur l'esprit, elle ne possède aucune qualité qui puisse nous révéler son existence; et si son existence nous est inconnue, quel droit avons-nous d'en parler sous le nom de matière? » et un peu plus loin : « Sans doute, il est juste en un sens de dire que Dieu est l'auteur de tous les changements qui arrivent, puisqu'il a créé les choses, afin qu'elles puissent agir et réagir les unes sur les autres; mais supposer qu'il soit le seul agent dans tout ce qui survient, c'est admettre que le monde, qu'il a créé, n'existe pour aucune fin (1). »

En résumé, il n'y a, d'après notre auteur, aucune différence entre les causes *physiques* et les causes *efficientes*. Il n'y a, à proprement parler, qu'une seule cause, savoir : l'événement qui en précède immédiatement un autre. L'examen des trois variétés génériques de phénomènes présente partout entre la cause et l'effet un seul et même rapport : priorité immédiate et subséquence invariable, tels sont les éléments de la notion de cause. La nature n'offre que des antécédents et des conséquents; mais une erreur générale suppose l'existence de quelque chose de plus. Les philosophes eux-mêmes, réalisant les abstractions

(1) Pag. 84.

de leur esprit, ont considéré les *pouvoirs* des substances diverses comme n'étant pas ces substances elles-mêmes. Quelles peuvent être les causes de cette illusion presque universelle?

Brown en signale trois principales : les formes abstraites et trompeuses du langage, la nature du sujet et l'imperfection des sens.

L'emploi nécessaire des métaphores consacre certaines expressions qui, justes d'abord dans l'esprit des inventeurs, sont dans la suite prises à la lettre par le vulgaire. On parle d'abord de *connexion*, de *conjonction*, de lien unissant les faits entre eux, et l'on finit par regarder ces mots figurés comme des êtres véritables, sans songer qu'en réalisant ces intermédiaires supposés, on n'aboutit qu'à transporter une difficulté imaginaire d'un objet observé à un autre objet inconnu, et qu'à laisser entre le nouvel antécédent hypothétique et son conséquent, une invariabilité de succession aussi inexplicable qu'auparavant.

Le même préjugé est favorisé encore par l'emploi de certaines constructions grammaticales. « Nous avons, par exemple, l'habitude de parler des oiseaux de l'air, des poissons d'une rivière, et nous apprenons insensiblement à considérer la propriété d'une substance, ou la propriété qu'une substance possède, comme quelque chose qui diffère de la substance elle-même, et qui peut exister séparément. »

Les autres sources d'erreur sont la difficulté du sujet et l'imperfection de nos sens.

D'où vient, par exemple, que les philosophes, aussi bien que le vulgaire, se sont imaginé que la force causatrice est toujours égale à elle-même, et que, même lorsqu'elle n'agit point, elle reste dans les objets à l'état latent? d'une analyse superficielle, ou, pour répondre comme Brown, « de l'oubli qu'il y a une différence entre le *pouvoir* en tant que conçu par l'esprit, et le pouvoir en tant qu'existant réellement dans les objets. Ce qui est permanent dans notre imagination peut bien ne pas l'être dans les objets. Là où il n'y a pas exertion de *puissance*, il n'y a réellement pas de *puissance*, si l'on veut donner aux mots leur sens véritable (1). »

Telles sont les sources principales des illusions qui nous portent à renfermer dans la notion de cause des éléments étrangers.

L'examen de ce qui constitue la relation de la cause à l'effet et de ce qui cause nos préjugés à cet égard, épuise une grande partie de la philosophie de la causation. Ces deux recherches préalables étaient prescrites par la méthode, avant d'aborder celle de l'origine de l'idée de cause dans l'entendement humain.

---

(1) Pag. 129.

C'est à cette importante question que Brown a consacré le troisième chapitre de son livre.

Il montre d'abord que la relation de la cause à l'effet ne peut se découvrir *à priori*, mais qu'elle dépend, d'une manière ou d'une autre, de l'expérience. Cette doctrine n'avait pas été sans doute ignorée de plusieurs philosophes du xviie siècle même; Bacon, il est vrai, l'avait prise pour base de sa logique inductive, mais c'est Hume qui le premier l'a nettement posée et solidement établie.

La seconde proposition de Brown, c'est que, même après l'expérience, la notion de cause ne peut dériver du raisonnement. Ce principe, dégagé encore et mis en lumière par Hume, était admis par tous les vrais philosophes pour tout ce qui concerne les sciences physiques, sauf une importante restriction : on croyait qu'indépendamment de l'expérience, on pouvait prédire avec certitude tous les faits qui dépendent de l'inertie de la matière, de la composition des forces et des lois de l'équilibre. Cette erreur se trouve victorieusement réfutée par notre auteur contre l'autorité de D'Alembert et d'Euler.

Après avoir prouvé que nous ne devons l'idée de cause ni à la perception ni au raisonnement, il la rapporte à l'*intuition*, laquelle est, selon lui, la troisième et dernière source de nos idées après l'expérience et le raisonnement. C'est ici qu'il se sépare de Hume, qui fait dériver la notion de *puissance* de l'*habitude* et de l'*association*.

Sur quoi pourrait s'appuyer une induction *à priori* des propriétés de la matière ? Sur l'apparence des corps sans doute; mais ce mot n'étant que l'expression abrégée de certains changements déjà observés, partir de là, ce serait supposer la question même, et faire un cercle vicieux. L'expérience est donc nécessaire pour la connaissance des phénomènes de la nature, et elle l'est aussi pour celle des faits de l'esprit. « C'est après l'expérience seulement que l'enfant au berceau sait que le mouvement de son bras succède au désir de le remuer. Le paralytique impuissant croit posséder la faculté de mouvoir son corps tant que l'inutilité de ses efforts ne l'a pas averti de son erreur. L'homme illettré ne soupçonne même pas les plaisirs que procure la contemplation des chefs-d'œuvre de l'intelligence. Les passions de l'amour, de l'ambition, de l'avarice, ne sont connues que de l'amant, de l'ambitieux et de l'avare; ceux qui ne les ont jamais ressenties en eux-mêmes ne peuvent s'en faire une idée que par l'observation ou la description de leurs effets dans autrui. C'est l'expérience seule qui nous apprend que la vue du malheur, qui ne cause aucune émotion chez les uns, excite chez les autres un sentiment de pitié, dont l'amertume égale presque les douleurs qu'ils déplorent; comme c'est l'expérience seule qui nous enseigne que le feu, qui s'éteint dans l'eau, enflamme l'éther (1). »

Mais l'expérience ne nous instruit que du passé. Elle ne suffit donc pas pour expliquer l'origine de l'idée de cause, qui renferme dans sa compréhension le passé, le présent et le futur. Il faut donc s'adresser à un autre principe. Est-ce au raisonnement que nous aurons recours?

« Il est évident que le raisonnement, avec ses procédés ordinaires, ne peut nous donner la notion de *puissance*. Celui qui affirme que A a toujours été et sera toujours suivi de B, affirme plus que celui qui constate simplement que A a toujours été suivi de B. » — « Le fait passé ne renferme pas le fait futur, pas plus que la proposition qui affirme l'un ne renferme celle qui affirme l'autre. Il n'y a aucune absurdité logique à croire que l'une des deux propositions pourrait être vraie, et l'autre fausse. » — « Lorsque nous disons que B suivra A demain, parce que A a été suivi de B aujourd'hui, nous ne prouvons nullement que l'avenir ressemblera au passé, mais nous le prenons pour accordé. Nous n'avons qu'à nous demander à nous-mêmes pourquoi nous croyons à cette similarité future, et notre impuissance à

(1) Pag. 178.

justifier notre induction nous convaincra que cette croyance, qui s'impose à nous malgré que nous en ayons, est le résultat d'un principe autre que le raisonnement (1). »

D'après Brown, ce principe est l'intuition. « La perception, le raisonnement et l'intuition sont les trois sources de nos croyances, et il n'en existe point d'autres. Par conséquent, lorsque nous croyons que les événements futurs ressembleront à ceux que nous avons observés dans le passé, si, même après l'expérience (car dans tous les cas l'expérience est nécessaire), ce n'est ni sur la perception, ni sur le raisonnement que s'appuie notre confiance, nous devons la rapporter au seul principe qui nous reste. Or nous ne percevons certainement la *puissance* ni dans les objets extérieurs ni en nous-mêmes; car la perception, opération d'un moment, et bornée à ce qui est, ne peut atteindre ce qui est encore à venir. En outre, il est tout aussi certain que nous ne découvrons pas non plus la relation de la cause à l'effet au moyen du raisonnement, car, indépendamment de notre croyance irrésistible elle-même, il n'est point d'argument qui puisse prouver que le futur ressemblera au passé, plutôt que d'en différer, n'importe comment. En un mot, nous croyons à la

(1) Pag. 176.

constance des faits, non point parce que nous pouvons la démontrer aux autres ou à nous-mêmes, mais bien parce qu'il nous est impossible de ne pas y croire. La croyance est donc, dans tous les cas, intuitive. Or l'intuition n'a pas besoin d'arguments, elle est instantanée et irrésistible comme la perception elle-même (1). »

Telle est la substance des doctrines développées dans les trois premiers chapitres. Pour donner une idée complète de tout l'ouvrage, nous n'avons que quelques mots à dire de la quatrième et dernière partie.

L'auteur y examine la théorie de Hume. Il cherche d'abord à prouver que ce philosophe s'est trompé en rapportant à l'*habitude* l'idée de *puissance* ou de *liaison nécessaire;* puis il le venge des attaques de tous ceux qui, interprétant faussement sa pensée, l'accusaient de nier l'existence même de la notion de cause dans l'esprit humain.

La philosophie est redevable à Hume de trois propositions qu'il a le premier nettement énoncées : il a prouvé, 1º que la relation de la cause à l'effet ne peut se découvrir *à priori;* 2º que même après l'expérience, elle n'est pas le résultat du raisonnement; et 3º qu'elle est un objet de croyance seulement.

(1) Pag. 245.

Mais à ces propositions Hume en a ajouté deux autres : il soutient, 1° que nous ne croyons à un rapport de cause à effet entre deux objets que lorsque leur *conjonction habituelle* nous est connue ; 2° que l'esprit, après avoir fréquemment observé la succession de deux faits, passe facilement de l'idée de l'un à l'idée de l'autre, et que cette liaison que nous sentons, cette transition habituelle qui fait passer l'imagination de l'objet qui précède à celui qui a coutume de suivre, est le seul sentiment, la seule impression d'après laquelle nous formons l'idée de pouvoir ou de liaison nécessaire (1). »

Ces deux dernières assertions sont combattues par Brown. Il s'attache à prouver que cette prétendue association dans l'esprit entre les idées de cause et d'effet, quoique d'accord peut-être avec la théorie célèbre des *impressions* et des *idées*, est en contradiction avec tous les faits dont Hume se sert pour l'expliquer et la justifier ; que la conjonction habituelle des phénomènes, loin d'être la condition *sine qua non* de la croyance à la causation, n'a au contraire pour effet ordinaire que de diminuer la tendance naturelle de l'esprit à supposer une connexion là où il n'y a qu'une conjonction fortuite ; et enfin qu'un seul exemple

---

(1) Hume, *Essais philos.*, tom. I, p. 196.

de succession suffit pour faire naître dans l'esprit la foi à la causalité d'une manière irrésistible.

Pour réfuter Hume, Brown emploie les mêmes arguments qu'il a développés dans le chapitre sur l'origine de l'idée de cause; nous ne les reproduirons pas ici. La discussion d'ailleurs ne nous paraît fondée que sur un malentendu. Brown n'a pas saisi le nœud de la question entre son adversaire et lui. Hume n'entend en aucune manière parler de l'idée de causation en général; il n'ignore pas sans doute le principe de causalité, il en parle même en termes exprès, puisqu'en maint endroit il remarque que tout ce qui arrive nous apparaît nécessairement comme effet, et par conséquent que l'idée de la cause nécessaire s'impose intuitivement à la raison; et s'il ne s'attache pas à donner une formule scientifique à cette donnée primitive de l'intuition, c'est probablement que l'ingénieux sceptique est trop habile dialecticien pour tomber dans la tautologie, qu'on ne peut éviter lorsqu'il s'agit des premiers principes. L'auteur des *Essais* n'a qu'un seul but, celui d'apprécier la valeur de l'induction qui nous fait croire à la constance des lois générales de la nature, et de prouver que la croyance à la régularité des phénomènes s'affermit en nous par le spectacle de leur succession habituelle. Voilà les limites qu'il trace autour de lui-même et où il se tient renfermé; voilà le terrain sur lequel il fallait le suivre. Brown ne l'a pas fait, et par conséquent, n'ayant pas attaqué son adversaire, il n'a pu le vaincre.

En ce qui touche à la théorie des *impressions* et des *idées*, nous nous empressons de dire que Brown s'est montré plus juste à l'égard de Hume que ne l'ont été Reid, D. Stewart et plusieurs autres philosophes; il reconnaît que le seul reproche qu'on puisse faire à cette classification des phénomènes intellectuels, c'est d'être *insignifiante*. Ce n'est là pourtant, selon nous, se montrer juste qu'à moitié. Brown pouvait d'un seul mot dévoiler l'injustice des attaques tant de fois renouvelées contre Hume, imposer silence aux clameurs de ceux qui l'injuriaient sans même l'avoir lu, et éclairer l'opinion sur le vrai sens qu'on doit attacher aux mots *impressions* et *idées*. Hume lui-même s'est expliqué catégoriquement à ce sujet : il prend le premier de ces mots dans le sens d'idées *primitives* et le second dans le sens d'idées *secondaires*, et comme il rapporte l'origine des *impressions* à l'énergie native de l'âme humaine, il suit que ce qu'il entend par cette expression équivaut en tout point aux *intuitions* de Brown et aux *principes constitutifs* de Reid et de D. Stewart. Brown n'a donc pas rendu justice complète à Hume. De plus, s'étant mépris sur le fond même de la doctrine qu'il a prétendu redresser, il l'a laissée ce qu'elle est en elle-même, et il n'a réussi tout au plus qu'à relever quelques erreurs de détails ou plutôt quelques inexactitudes de langage.

Mais si Brown échoue dans sa prétendue réfutation de Hume, il est plus heureux lorsqu'il s'agit de le défendre contre ses adversaires.

On sait qu'une affirmation positive de Reid, c'est que Hume considère le mot *puissance* comme une *expression tout à fait dépourvue de sens*, et *qu'il nie l'existence même de l'idée de cause*. Cette étrange assertion, adoptée sans examen par un grand nombre de philosophes, est devenue, pour ainsi dire, un acte de foi traditionnel; et quand on veut exprimer en peu de mots le résultat de la doctrine de Hume, on a coutume de la réduire à un syllogisme bien simple : « Nous n'avons point d'idée qui ne soit une copie de quelque impression; or nous n'avons aucune impression de la *puissance;* donc nous n'en avons pas l'idée. »

De ce syllogisme la majeure seule est de Hume, la mineure et la conclusion sont, d'après Brown, de l'invention de Reid et de ses disciples; et il démontre d'une manière péremptoire que tout ce que Hume a écrit sur la causalité est le développement d'une affirmation qui est précisément le contre-pied de celle qu'on voudrait attribuer au prétendu sceptique; et au syllogisme de Reid, il substitue le suivant, qui contient la seule et véritable conclusion qui découle des principes de l'auteur des *Essais :* « Nous n'avons point d'idée qui ne soit une copie de quelque impression; or nous avons une idée du pouvoir; donc nous devons trouver une impression d'où elle dérive. »

Nous nous associons aux conclusions de Brown, et, quoique lui-même se soit mépris sur un point capital de la doctrine des *Essais*, nous le félicitons d'avoir au moins démontré qu'elle n'est pas du tout ce que Reid et ses disciples la supposaient être.

Ici se termine l'ouvrage de Brown. Nous nous sommes efforcé de faire comprendre ce qu'il renferme d'essentiel et de fondamental; après l'avoir examiné dans ses quatre parties, il nous reste à l'apprécier dans son ensemble, et à en faire ressortir les mérites et les défauts.

(1) Pag. 353.

II. — CRITIQUE.

Résumons d'abord en quelques mots la doctrine de l'auteur : physiquement, il n'y a dans la nature que des antécédents et des conséquents, ou, en d'autres termes, que des objets en rapport avec d'autres objets ; leurs propriétés ou qualités ne sont pas distinctes. La relation que l'esprit conçoit entre la cause et l'effet, est un rapport d'antécédence immédiate et invariable qu'il transporte dans le passé ou dans l'avenir, par une conviction irrésistible, résultat de l'intuition, provoquée par l'expérience.

« Brown, dit D. Welsh, a marqué d'un caractère nouveau cette branche si importante de la philosophie, en séparant nettement l'examen de la relation de celui de l'idée que nous en avons, en dissipant dans le premier les illusions qui favorisaient la distinction des causes *physiques* et des causes *efficientes*, et en établissant dans le second la certitude immédiate de notre croyance intuitive à la *puissance*. Il a montré le véritable objet de l'investigation physique, et fixé les limites dans lesquelles elle doit se renfermer ; il nous a appris à nous défaire de plusieurs habitudes mauvaises de philosopher, et, ce qui vaut mieux, il a délivré cet important sujet de l'athéisme d'une succession accidentelle et du mysticisme d'une efficacité introuvable (1). »

Nous souscrivons à quelques-uns de ces éloges. C'est un mérite d'avoir su poser la question sous ses deux véritables points de vue : d'avoir considéré la relation de la cause à l'effet dans ce qu'elle est en soi, c'est-à-dire physiquement et hors de nous, et dans ce qu'elle est dans l'esprit humain, en tant qu'idée ou conception.

C'est un mérite surtout de n'avoir point trouvé dans la question, au point de vue de l'objectif, d'autres éléments que ceux qui y sont renfermés. Nous enchérirons même ici sur l'admiration de Welsh, et nous irons jusqu'à dire que sur ce point Brown s'est montré non pas l'égal de Hume, mais digne de le commenter; car, en vérité, il a développé d'une manière lumineuse les principes de ce grand philosophe, et quelquefois même il a porté dans les détails une plus grande précision de pensée et de langage.

Avoir démontré qu'il n'y a pour notre conception que des antécédents et des conséquents liés entre eux par un rapport de succession invariable, c'est avoir établi une vérité rarement reconnue,

---

(1) *Life of Brown*, pag. 183.

parce qu'elle est obscurcie dans l'esprit humain par un préjugé presque invincible, et trop souvent entretenu par le langage des philosophes. Nous insisterons même sur ce point, car nous ne serions pas étonné, qu'au lieu de reconnaître ici dans Brown une force peu commune d'esprit philosophique, le lecteur inattentif ne fût plutôt tenté de l'accuser, comme quelques critiques l'ont fait, de nier la puissance causatrice. Si donc quelqu'un voulait ici renouveler cette accusation, nous lui dirions : « N'êtes-vous pas vous-même, sans vous en douter, d'accord avec Brown, lorsque vous admettez, avec tout le monde, l'inutilité des nombreuses hypothèses inventées par les plus grands génies pour expliquer, dans la production des phénomènes, l'influence de l'esprit sur la matière? » Et si, malgré cela, on s'obstinait à supposer dans les objets une force productrice à l'état latent et toujours la même, lors même qu'elle n'agit point, nous dirions : « N'êtes-vous point ici en contradiction avec la logique? Car enfin, le *pouvoir* n'étant que relatif au changement qu'il produit, si vous ôtez l'effet, n'est-il pas absurde de chercher la cause? » Vaincu sur le terrain de la logique, en appellera-t-on au témoignage de la conscience, et nous demandera-t-on si, par exemple, l'homme ne sent pas toujours en lui-même le pouvoir de remuer ses membres à son gré? nous répondrions alors que la conscience n'atteste qu'une chose, savoir : qu'à certains états de l'âme succèdent certains mouvements du corps; mais elle n'atteste pas que l'homme qui ne pense pas à remuer son bras, par exemple, ait à ce moment, là même le pouvoir de le faire. Nous répondrions enfin qu'à la rigueur ce n'est pas l'homme en général qui a la puissance de mouvoir ses membres, mais seulement l'homme affecté d'une certaine manière, c'est-à-dire l'homme voulant; et qu'en un mot, quand il ne veut pas, il ne peut pas; et qu'affirmer le contraire, c'est affirmer qu'il y a des causes sans effets, ce qui est contradictoire.

Si, dans la succession des phénomènes, il faut, comme on le prétend, croire à l'existence d'une force distincte de l'antécédent, à quelles absurdités ne devra-t-on point se résigner! Il faudra, par exemple, reconnaître deux pouvoirs différents, deux entités distinctes dans le feu, qui fond la cire et qui durcit un œuf; et si, plongeant mes mains dans un vase d'eau, il arrive que le liquide me paraisse en même temps froid et chaud, je serai forcé de dire que le même degré de calorique possède à la fois deux propriétés distinctes et opposées. Pour expliquer l'influence réciproque du physique et du moral l'un sur l'autre, nous serons obligés d'avoir recours encore aux *causes occasionnelles*, à l'*harmonie préétablie*, au *médiateur plastique*, à l'*influx physique* ou à tout autre intermédiaire hypothétique, qui ne fera après tout que reculer la difficulté, qui l'augmentera même, en doublant le nombre des antécédents.

Qu'un auteur fasse l'aveu d'ignorer la nature et le mode d'action des choses les unes sur les autres, qu'il ne reconnaisse pas que la puissance soit un objet de perception ou de raisonnement, on l'accuse aussitôt de nier l'idée même de puissance ; mais autant vaudrait l'accuser de nier la notion de substance ; car probablement il admet avec tout le monde que l'essence de celle-ci se dérobera éternellement à nos conceptions.

Ainsi l'idée que Brown s'est formée de la relation de la cause à l'effet est celle-là même qui se trouve dans l'esprit de tous les hommes, même dans celui des métaphysiciens, soit qu'ils l'ignorent, soit qu'ils le sachent. L'analyse qu'il en a faite a cet avantage d'être réduite rigoureusement à ce que l'esprit peut clairement concevoir, et surtout d'être dépouillée de l'obscurité mystérieuse qui l'enveloppait dans les écrits antérieurs, ou plutôt elle a l'avantage de montrer que tout le mystère de l'action des substances les unes sur les autres n'est rien que le mystère même de leur existence.

Tels sont les mérites que nous nous plaisons à reconnaître dans la doctrine de Brown. Mais ici s'arrêteront nos éloges.

Que Brown ait fait de la question totale deux questions distinctes, c'est ce que nous avons accordé plus haut à D. Welsh, partageant en cela son approbation, mais sans craindre d'aller au delà de notre pensée, car nous n'ignorions pas alors les restrictions que nous aurions à faire plus tard.

Si, dans sa théorie de la causation, Brown avait compris l'importance de la question fondamentale, s'il avait distingué le principe de causalité de l'idée de cause, la critique aurait pu se montrer indulgente; mais qu'il se soit arrêté précisément au point où Hume avait laissé la question; qu'il ait confondu des éléments tout à fait différents, de manière à nous laisser douter s'il en a jamais soupçonné, je ne dirai point la distinction, mais même la réalité : tout cela surmonte en nous le regret que nous avons de nous séparer ici entièrement de son affectueux et savant biographe, et nous paraît suffisant pour justifier les critiques que la vérité réclame et que l'impartialité nous impose.

Selon nous, Brown s'est trompé et sur la

nature et sur l'origine de la conception étiologique. Deux mots vont suffire pour le démontrer.

Il définit la cause : *ce qui précède immédiatement un changement quelconque, et qui, dans des circonstances semblables, a été et sera, en tout temps, immédiatement suivi d'un changement semblable.* Évidemment il ne peut être ici question que de la cause contingente, la cause seconde ; mais ne tenir aucun compte de la cause nécessaire, la cause première, n'est-ce point mutiler la philosophie de la causalité? Donc il s'est trompé sur la nature de la conception étiologique. Je dis de plus qu'il s'est trompé sur son origine.

En effet, il la rapporte, comme nous l'avons vu, à l'intuition; mais cette assertion n'est vraie qu'en partie : car, dans sa définition de la cause, n'y a-t-il pas trois choses essentiellement distinctes qu'il confond, c'est-à-dire trois actes de foi, dont deux identiques, et un troisième irréductible aux premiers, ou plutôt deux actes de foi et un jugement d'une certitude absolue? Je suis témoin d'un effet quelconque; je lui donne une cause; je suis certain, je *sais* qu'il en a une et qu'il ne peut pas ne pas en avoir; cette vérité, je la rapporte avec Brown à l'*intuition;* et voilà ce qu'il y a de vrai dans sa doctrine. Mais si, en présence du même fait, j'affirme que, les circonstances étant supposées les mêmes, *il a toujours eu lieu dans le passé*, et *qu'il aura toujours lieu dans l'avenir*, je ne suis plus certain de rien, je ne *sais* plus, je ne fais que *croire;* cette *croyance*, je la rapporte à l'induction, source des idées, qui ne se rapportent qu'à la foi.

Ainsi Brown s'est d'abord trompé sur l'origine de la simple *notion de cause*, parce qu'il ne s'est pas attaché à séparer les éléments qu'elle renferme. Mais une faute plus grave, c'est de n'avoir pas même soupçonné l'existence du *principe de causalité*.

En présence d'un fait quelconque, soit intérieur, soit extérieur, l'esprit humain ne peut pas ne pas y reconnaître un effet, ne peut pas ne pas croire à un phénomène de causation : voilà la simple notion de cause, mais de cause seconde; et à l'occasion de cette même conception d'une cause contingente quelconque, l'esprit humain, étant ce qu'il est, c'est-à-dire incapable, en vertu des lois constitutives de sa nature, de concevoir l'absurde en général, et incapable, dans un cas particulier quel qu'il soit, d'admettre une série de causes secondes à l'infini, l'esprit humain, dis-je, au delà de cette cause particulière et au delà de toutes les séries possibles de causes secondes imaginables, conçoit la cause première et nécessaire, c'est-à-dire l'Être incompréhensible que l'univers reconnaît pour son unique auteur et son conservateur suprême, Dieu !

Voilà le principe de causalité ! Sa valeur est celle de la raison même ; son autorité, celle de la conscience ; son évidence est immédiate, et sa certitude absolue.

Telle est la conception étiologique ; nous y trouvons deux éléments qui la constituent : la notion de *cause contingente*, donnée par l'*expérience* et transportée par l'*induction* dans l'avenir et dans le passé, et enfin le grand principe en vertu duquel nous nous élevons *intuitivement* jusqu'à la cause *première et nécessaire*.

Ces éléments, nous avons dû les dégager en passant, et leur rendre les caractères qui leur appartiennent, mais qui leur manquent dans la théorie de Brown. Toutefois, ses méditations sur le rapport de la cause à l'effet ont exercé la plus salutaire influence sur l'esprit général et sur les résultats de toutes ses recherches touchant les phénomènes intellectuels : elles lui ont appris à se tenir en garde contre le danger des abstractions *réalisées*, et à ne voir que des *états* ou des manières d'être de l'esprit là où d'autres philosophes voyaient des facultés ou des puissances distinctes.

Le lecteur pourra juger de la vérité de ces assertions, si nous réussissons à donner une idée des profondes et sagaces analyses contenues dans les *Leçons sur la philosophie de l'esprit humain.*

LEÇONS

SUR LA

PHILOSOPHIE DE L'ESPRIT HUMAIN

LEÇONS

SUR LA

PHILOSOPHIE DE L'ESPRIT HUMAIN

(*Lectures on the philosophy of the human mind*

Edinburg, 1845; 15. edition)

INTRODUCTION

I. — OBJET ET DIVISION DE L'OUVRAGE

Psychologie, morale, théologie naturelle et économie politique, tel est, pour Brown, l'objet de la philosophie; telle l'étendue de son domaine.

Le cours se compose de cent leçons; mais des quatre parties que nous venons d'énumérer, il ne contient que les trois premières. L'économie politique tout entière manque.

La théodicée n'ayant été, pour ainsi dire, qu'effleurée par l'auteur et se trouvant comme enclavée dans la morale, nous n'en ferons pas une partie distincte et séparée, de sorte que l'ouvrage tout entier pourra se diviser en deux parties seulement : la psychologie et la morale,

Nous suivrons la marche de l'auteur ; mais les bornes étroites où nous sommes forcé de nous renfermer, ne nous permettront d'insister que sur ce que la doctrine a d'essentiel et de vraiment original.

Nous ne ferons que les réflexions nécessaires pour relever en passant certaines erreurs et pour faire ressortir les différences qui séparent Brown des Écossais, ses prédécesseurs.

II. — MÉTHODE

Mais avant d'entreprendre l'exposé de la philosophie de Brown, nous devons donner une idée de ce qu'on exige d'abord pour l'intelligence d'une doctrine quelconque ; nous devons en un mot parler de la méthode.

Or l'idée générale de méthode se décompose en différentes idées particulières : le critérium de la certitude ; l'objet et la circonscription de la science ; enfin les procédés employés dans la recherche et dans la démonstration de la vérité.

Selon Brown les sources de nos connaissances sont au nombre de trois : l'expérience, l'intuition, et le raisonnement (1).

(1) Leç. 13.

L'*expérience* nous fait connaître ce qui se passe en nous et hors de nous.

L'*intuition* nous révèle les vérités premières; « elle est universelle, immédiate et irrésistible (1). »

Des données de l'expérience et de l'intuition, le *raisonnement* tire des conséquences, vraies au même titre que les principes d'où elles découlent (2).

Brown, il est vrai, n'entend ici parler que du raisonnement déductif, et c'est un assez grand défaut dans une théorie générale de l'origine des idées, que de ne point faire à l'*induction* sa part, de ne point donner une base à la croyance aussi bien qu'à la certitude et de ne point tracer la ligne de démarcation entre l'évidence et la probabilité ; mais la faute qu'il a commise dans la théorie, il la répare bientôt dans la pratique, car lorsqu'il s'aperçoit que la science a non-seulement des faits à constater, mais encore des lois à établir, et que l'intuition ne nous instruit que de ce qui est, et l'expérience de ce qui a été, mais jamais de ce qui sera, il est alors obligé d'avoir recours à « une loi constitutive de la nature humaine, » à « une tendance naturelle de l'esprit à opérer la conversion

---

(1) Leç. 13.
(2) *Ibid.*

du présent au futur (1), » tendance àlaquelle il ne donne point de nom particulier, mais qui n'est rien autre chose que ce que nous appelons *induction*.

Ainsi dans la réalité, Brown admet quatre sources de nos idées : l'expérience, l'intuition, et le raisonnement, qui procède tantôt par déduction, tantôt par induction.

Quel est maintenant le but que l'auteur se propose dans l'étude des phénomènes intellectuels? Quelle application fait-il des procédés de la méthode? Quelles sont enfin les limites qu'il pose à la raison humaine? Trois questions inséparables et qu'il nous faudra par conséquent résoudre en même temps.

Un des amis de Marivaux lui faisait un jour cette question : « Qu'est-ce que l'âme? — Je n'en sais rien, répondit celui-ci, si ce n'est qu'elle est spirituelle et immortelle. — Eh bien, reprit l'ami, interrogeons Fontenelle, et il nous dira ce qu'elle est. — Non, s'écria Marivaux, demandez à tout autre qu'à Fontenelle, car il a trop de bon sens pour en savoir plus que nous là-dessus. »

Cette anecdote, citée par Brown, nous indique assez qu'il va s'appliquer à tout autre chose qu'à sonder la nature de l'esprit humain. Il part en effet de ce principe que tout ce que nous pouvons

---

(1) Leç. 6.

savoir des substances se borne aux phénomènes qui nous révèlent leur existence, et que, par conséquent, ce qu'on peut légitimement se proposer dans l'étude de l'esprit, c'est l'analyse et la classification des manières d'être dont il est susceptible. La philosophie pour Brown se propose donc le même objet que les sciences physiques, savoir : l'observation des phénomènes, considérés dans leurs rapports de ressemblance ou de différence et dans leur ordre de succession. Il va même jusqu'à dire que la psychologie n'est qu'une branche de la physique générale, et il donne à la partie la plus considérable de son cours le titre de *physiologie de l'esprit.*

Puisque la science des esprits et la science des corps n'ont qu'un seul et même objet, elles doivent avoir aussi la même méthode. Il importe donc au philosophe de connaître les procédés du physicien, afin de les appliquer de la même manière et avec le même succès.

Or que peut se proposer le naturaliste dans l'étude de la matière, et que se propose-t-il en effet? « Deux choses, répond Brown, la connaissance de la *composition des corps,* ou bien celle des changements divers par lesquels ils lui apparaissent comme causes et comme effets (1). »

(1) Leç. 5.

Voilà le but; comment y parvenir? par l'observation, qui constate et qui décrit les faits; par l'induction, qui découvre les lois; et par l'intuition, qui en garantit la constance et la régularité. « Quand on est arrivé là, dit-il, on connaît la matière, en tant qu'elle *existe dans l'espace,* et en tant qu'elle *existe dans le temps.* Prétendre aller plus loin, c'est poursuivre des ombres et s'attacher à des chimères. »

Vraie ou non, telle est, selon Brown, la méthode des naturalistes. Applicable à l'étude de la matière, l'est-elle également à l'étude de l'esprit? il le prétend (1).

Sans doute, il paraîtra évident que les phénomènes de l'esprit, en tant que successifs, peuvent aussi bien que ceux de la matière, se classer comme antécédents et comme conséquents. Mais l'esprit étant indivisible de sa nature, on n'admettra peut-être pas que l'analogie de la méthode puisse aller plus loin dans l'étude de deux objets si différents.

« Il est vrai, dit Brown, que l'esprit étant simple, chacune de ses modifications doit être marquée du même caractère; mais dans certains cas où un *sentiment* de l'âme résulte d'autres *sentiments* antérieurs, nous sommes naturelle-

---

(1) Leç. 10.

ment portés à le regarder comme renfermant en lui les sentiments qui l'ont précédé. Or distinguer les unes des autres les sensations, les pensées ou les émotions qui paraissent quelquefois se combiner entre elles et constituer un seul état de l'esprit, c'est appliquer un procédé qui, bien que n'étant pas une analyse réelle, paraît cependant en être une, du moins relativement à notre manière de concevoir. La complexité qui nous occupe en pareil cas n'est pas absolue, mais relative; c'est une complexité apparente qui se rencontre dans la conception des rapports de toute espèce (1). »

Dans un autre endroit, à propos de cette prétendue complexité, après avoir dit avec raison que : « la conception du nombre quatre, par exemple, constitue un état d'une substance simple, aussi bien que la conception de un, de deux ou de trois, » il ajoute que « c'est la nature même de la première conception de paraître renfermer les trois autres dans sa compréhension. » Et partout il conclut, non pas sans doute à une divisibilité actuelle, mais à une *complexité apparente*, non pas à une séparation réelle, mais à une *analyse virtuelle* des phénomènes intellectuels (2).

Complexité apparente! analyse virtuelle! vir-

(1) Leç. 10.
(2) *Ibid.*

tualité! de tels mots, propres tout au plus à déguiser une pensée incertaine et flottante, devraient disparaître du vocabulaire des philosophes; ils doivent surtout étonner dans la bouche d'un auteur comme Brown, toujours soigneux d'éviter les abstractions vides et de ne s'attacher jamais qu'à la réalité. Du reste, nous pouvons le déclarer d'avance, c'est peut-être le seul exemple de mysticisme dans l'expression que l'on puisse rencontrer dans ses ouvrages, et nous n'en aurions point ici parlé, si les explications indécises et les expressions vagues que nous venons de rencontrer, ne mettaient en péril une vérité importante à établir.

Essayons donc de substituer aux vagues indications de Brown une explication nette et précise de ce que l'on doit appeler analyse, et de déterminer son rôle dans l'étude des phénomènes psychiques.

Malgré les précautions de l'auteur à proclamer l'indivisibilité du sujet pensant, si l'on ne rectifiait les assertions qui semblent contredire l'affirmation de cette grande vérité, il faudrait admettre qu'une substance simple pût exister en même temps dans deux états différents; il faudrait mettre Brown en contradiction avec lui-même, car il explique très-bien en d'autres endroits l'absurdité d'une telle supposition.

Il suffit de la simple exposition des faits pour

remettre ici la vérité dans tout son jour : je perçois un objet, puis un autre, qui lui est semblable, et j'ai conscience d'avoir été deux fois affecté de la même manière, ou, si l'on veut, je conçois un rapport d'égalité ; cette conception, d'après Brown, « contient les notions simples des deux termes, entre lesquels s'établit la comparaison. » Elle suppose leur existence antérieure dans l'esprit, mais elle ne les contient pas. L'esprit existe successivement dans trois états : une première perception est remplacée par une seconde qui lui est semblable, et celle-ci par une conception, ou plutôt par la conscience que l'âme a éprouvé deux fois la même modification. Les deux perceptions ne peuvent exister simultanément dans l'esprit, car celui-ci ne peut exister dans deux états à la fois. La conception qui vient la dernière, est également indécomposable ; elle n'est que l'un de ces actes simples dont la chaîne constitue le sentiment de l'identité personnelle. Ce qui a coutume de nous donner ici le change, c'est l'abus du langage et surtout la rapidité des actes de la mémoire, qui nous fait regarder comme simultanés des phénomènes qui ne sont et qui ne peuvent être que successifs.

Ce que nous venons de dire ne peut guère s'appuyer que sur le témoignage de la conscience. Ce que celle-ci atteste nous deviendra peut-être plus sensible, si nous appliquons les même observations à un autre exemple choisi par Brown : la conception du nombre quatre lui paraît susceptible d'une analyse *virtuelle,* « parce que, dit-il, si des quatre objets conçus on en ôte successivement un, ou deux, ou trois, à chaque soustraction succède un état différent de l'esprit; et ces états entrent dans la complexité *apparente* de la conception totale. » Nous ne contestons pas la réalité de ces états différents, nous nions seulement leur coexistence, et Brown lui-même est si près de la vérité, qu'il s'exprime à plusieurs reprises comme s'il n'eût cru qu'à la possibilité de leur succession; mais, quand bien même on donnerait à ses paroles cette interprétation favorable, sa théorie ne serait pas encore entièrement à l'abri du reproche; car l'idée d'un nombre complexe ne consiste pas seulement dans la succession rapide d'autant d'idées qu'il contient d'unités; la conception totale forme elle-même un phénomène à part qui doit s'ajouter aux autres; Et pour revenir au nombre en question : dans la conception du nombre quatre, il ne voit que quatre idées et par conséquent quatre états de l'esprit; cependant dans la réalité il y en a cinq; car le jugement ou l'affirmation que la conscience a été quatre fois modifiée de la même manière constitue l'essence même de la conception totale, qui est elle-même un phénomène particulier et tout à fait distinct de ceux qui l'ont précédé.

C'est la suppression tacite de ce phénomène qui a conduit Brown à obscurcir par ses explications la vérité, qui était très-claire dans son esprit; et s'il s'était en outre bien rendu compte de la nature de la mémoire, il n'eût point balancé à reconnaître que tout état de l'âme est nécessairement simple, et par conséquent n'est pas susceptible d'une analyse même *virtuelle*.

Ce qui a contribué encore, plus que toute autre chose peut-être, à faire naître et à entretenir son illusion, c'est le parti pris de trouver en tout un rapport d'analogie entre la méthode des psychologues et la méthode des naturalistes, avant de s'être fait une idée nette et vraie de cette dernière.

Il est possible que ce soit là la prétention des naturalistes de considérer les objets de leurs investigations sous deux points de vue, c'est-à-dire dans l'espace et le temps; c'était au philosophe à voir au moins s'il y a une différence possible entre l'*analyse*, qui, dit-on, ne s'attache qu'aux éléments, et l'observation qui s'occupe des phénomènes; c'était à lui d'identifier ce que distingue un langage trop peu scientifique.

Est-il en effet bien certain que les deux procédés

dont on parle soient réellement distincts? Pour qu'ils le fussent, ne faudrait-il pas d'abord que le premier fût possible? Et, le fût-il, qu'il eût au moins un but raisonnable? Or il nous semble que l'analyse, au sens où l'entend ici Brown, ne satisfait ni à l'une ni à l'autre de ces deux conditions.

Elle est premièrement impossible : supposons en effet que, dans la décomposition d'un corps, nous soyons arrivés à un élément simple; je demande s'il est possible à l'esprit humain de le concevoir en lui-même et indépendamment des phénomènes dont il peut être le sujet ou l'agent? Cet élément ne peut devenir un objet de connaissance que par ses rapports; or ses rapports sont ceux qu'il soutient avec l'esprit qui le contemple ou avec les autres corps qui l'entourent. Dans ses rapports avec l'esprit, il ne nous est connu précisément que par les phénomènes intellectuels, dont il est pour nous la cause occasionnelle; et, dans ses rapports avec d'autres éléments, il ne nous est connu que par les influences ou par les changements qu'il peut exercer ou subir. L'analyse qui prétend ne s'attacher qu'aux objets en eux-mêmes et abstraction faite des phénomènes, est donc absolument impossible. Mais quand bien même elle serait possible, elle ne pourrait avoir un but raisonnable; qu'importerait à la chimie, par exemple, de compter un plus ou moins grand nombre d'atomes ou d'éléments inertes? Quel résultat positif attendre de l'addition indéfinie d'une unité abstraite à une unité abstraite. Cette prétendue analyse n'existe donc pas ; et si les physiciens se piquent de l'appliquer avec le plus grand succès, il faut, dans leur intérêt même, ne pas les en croire, car, qu'ils le sachent ou qu'ils l'ignorent, la méthode à ce point de vue n'est pas applicable ; et puis ils se proposent et atteignent un but bien autrement important dans l'étude des corps, savoir : la connaissance des phénomènes, de leurs causes et de leurs conséquences.

La seule étude possible dans les sciences naturelles, c'est donc l'étude des phénomènes. Et nous ajoutons que ces phénomènes échappent également à l'analyse ; car, philosophiquement, ils sont indécomposables. Pour s'en convaincre il suffit d'observer que tout ce que nous croyons voir au dehors n'est pour nous rien autre chose que ce qui nous apparaît sur le théâtre de la conscience. On a souvent répété, à propos des sciences psychologiques, qu'elles ont un avantage marqué sur les sciences physiques, en ce que, dans l'étude des premières, l'instrument avec lequel on opère, et l'objet sur lequel on opère sont absolument identiques ; la distinction n'a de valeur qu'au point de vue de la certitude ; sous d'autres rapports, elle disparaît entièrement ; car philosophiquement et même physiquement parlant, dans les expériences sur la matière l'instrument et l'objet sont également identiques; et le chimiste qui se figure analyser une réalité extérieure et physique, n'analyse que ce qui se passe en lui-même à l'occasion de ce qu'il a sous les yeux ou dans les mains. Au fond, nous n'opérons jamais que sur les réalités intérieures, sur des phénomènes de conscience. La physique, la chimie, l'astronomie, toutes les sciences enfin sont avant tout des manières d'être de l'esprit.

Puisque, relativement du moins à notre manière de concevoir, tout ce qui se passe dans le monde physique n'est pour nous rien autre chose que ce qui se passe dans la conscience, il suit que les phénomènes matériels sont identiques aux phénomènes intellectuels. Or nous avons prouvé que ceux-ci sont indécomposables de leur nature, étant des manières d'être d'une substance simple et indivisible. Rien donc, dans la nature, n'est susceptible d'analyse même *virtuelle*, et la complexité *apparente* dont on nous parle ne peut être qu'une fiction. Tout cela est vrai, même physiquement; on aurait beau considérer les objets dans le temps ou dans l'espace, on ne trouvera rien qui coexiste, ce sera toujours quelque chose qui est premier ou second, placé avant ou après; tout est juxta-posé; rien ne se combine; le mystère de l'impénétrabilité se présente en tout et partout avec ses terreurs et sa majesté.

Faudra-t-il donc renoncer à l'analyse ? Oui, si on l'entend au sens de Brown et des naturalistes; non, si on l'entend au seul sens auquel il soit possible de l'entendre; non enfin, si on l'applique, non pas aux phénomènes en eux-mêmes, mais aux rapports de toute espèce qu'ils soutiennent entre eux, aux circonstances qui les précèdent, qui les accompagnent et qui les suivent.

Pour en faire l'application, prenons un phénomène quelconque, l'idée du moi, par exemple; ce phénomène n'est pas susceptible d'analyse; mais il peut avoir une infinité de rapports; en vertu de certaines lois décrites par les logiciens, il peut suggérer les idées du non moi, de la durée, du temps, du nombre, de la cause et de l'effet, etc; ces rapports s'enchaînent si intimement dans la pensée, que pour l'irréflexion, ils sont, pour ainsi dire, inséparables; mais la réflexion parvient à ralentir la succession trop rapide de ces idées, et à les fixer sous l'œil de la conscience; et le rôle de l'analyse consiste précisément à distinguer ces phénomènes les uns des autres, et non point comme le prétend Brown, à décomposer la *complexité apparente* d'un état de l'âme; genre de procédé qui, fût-il d'ailleurs possible, différerait toujours de celui que nous avons essayé d'expliquer, car dans la pensée de l'auteur, il n'a d'autre objet que de séparer des éléments de même nature c'est-à-dire, les mêmes perceptions ou les mêmes conceptions plusieurs fois renouvelées.

Si Brown s'est ainsi mépris sur la nature du procédé analytique, c'est qu'il a méconnu le principe fondamental de l'école française : nous le verrons dans la suite reprocher à Condillac d'avoir tout ramené à l'unité ; et par conséquent nous le verrons s'épuiser en vains efforts pour résoudre les questions les plus importantes de la psychologie, de l'esthétique et de la morale, et se briser aux mêmes écueils que les disciples de l'école sentimentale et de l'école rationaliste.

Quoique, même dans les limites étroites où il s'est renfermé, les vues théoriques de Brown sur la méthode en général ne soient pas tout à fait exactes au moins quand à la forme, cependant l'application qu'il en a faite aux phénomènes de l'esprit, étudié à son point de vue, nous paraît à peu près irréprochable. On peut dire qu'il a rectifié dans la pratique les inexactitudes qui s'étaient glissées dans sa théorie ; et ce n'est qu'en méditant les modèles d'analyse, où il instruit d'exemple, qu'on connaitra le fond de sa pensée sur l'objet et les limites de l'observation psychologique.

Un autre grand principe dirige les investigations de l'auteur : « Tout ce que nous connaissons de l'âme, dit-il, c'est qu'elle est une substance simple qui, depuis le moment de notre naissance jusqu'au moment présent, *a existé en certains états de pensées et de sentiments.* »

Ce point de vue n'est pas nouveau sans doute : Le grand Arnauld parmi nous avait nié la réalité objective des idées ; et après lui, Condillac avait démontré sous toutes les formes que les sensations, les pensées, les facultés de l'âme ne sont rien autre chose que cette substance elle-même modifiée d'une certaine manière. Mais on ne peut nier que cette importante vérité, quoique généralement reconnue en théorie, ne soit souvent oubliée dans la pratique ; nous avons en effet une tendance naturelle à donner une existence à part à nos pensées, à nos sensations, surtout à nos facultés et même à nos idées abstraites, de même que, dans la perception, comme le dit Mallebranche, nous sommes portés, comme malgré nous, à nous dépouiller de ce que nous éprouvons, pour en investir les objets extérieurs.

Pour combattre cette tendance naturelle et le préjugé qu'elle engendre, Brown pose en principe que : *Nos sensations, nos perceptions, nos pensées, nos sentiments, et, en un mot, tous les phénomènes intellectuels ne sont point différents de l'esprit, mais qu'ils ne sont dans la réalité que l'esprit lui-même, existant en différents états,* que, *les puisssances ou les facultés intellectuelles ne sont dans la réalité que l'esprit lui-même changeant de manière d'être à l'occasion de certains changements extérieurs, ou à la suite d'un état intérieur qui s'est produit en lui.*

En résumé : ne s'attacher qu'à l'étude des phénomènes; ne les considérer que comme des *états* de l'âme; les étudier dans toutes les circonstances qui les précédent, qui les accompagnent et qui les suivent; les rapporter aux principes intuitifs au delà desquels il est impossible de remonter; les analyser et les classer suivant des procédés analogues à ceux qu'emploie le naturaliste dans l'étude du monde matériel; tels sont, d'après Brown, les objets et les limites de l'observation philosophique.

S'il est facile d'apprécier cette méthode dans ce qu'elle renferme, il n'est pas moins facile de l'apprécier dans ce qu'elle omet. On peut dire à Brown : est-il bien vrai que la méthode du philosophe soit identique à celle du naturaliste? Celui-ci, ne se proposant que des faits et des lois à constater et à décrire, peut ne reconnaître et n'employer qu'une seule méthode : la méthode expérimentale. Mais le philosophe, outre des faits et des lois à constater, a des problèmes à résoudre; à la méthode *a posteriori*, il faut donc qu'il unisse la méthode *a priori*. Si vous négligez la méthode rationnelle, quel droit aurez-vous de remonter à l'origine des choses, de distinguer la nature des substances, et enfin de vous prononcer sur la certitude de leur destinée future?

Ainsi sur les questions de l'existence de Dieu, de la distinction de l'esprit et de la matière et de l'immortalité de l'âme, nous sommes sûrs d'avance que Brown n'aura à présenter que des arguments purement oratoires, de même que sur la question fondamentale de la psychologie, c'est-à-dire sur la question du développement successif ou simultané des facultés de l'âme, nous sommes certains déjà qu'à l'exemple de Reid et D. Stewart, il échouera infailliblement, parce que, malgré ses prétentions, il a, comme eux, brisé l'unité de la substance pensante et violé le principe de son indivisibilité.

PREMIÈRE PARTIE

PSYCHOLOGIE

I. — *Classification des phénomènes intellectuels.*

Partant du principe que les phénomènes intellectuels ne sont rien autre chose que les *états* différents de l'esprit lui-même, et que l'unique objet de la philosophie est de les analyser et de les arranger méthodiquement, Brown en donne d'abord une division générale.

Les *états* ou les *affections* de l'esprit nous apparaissent marqués d'un caractère qui les distingue physiquement : les uns viennent à la suite de l'action des objets extérieurs, les autres après une modification spontanée de l'esprit lui-même.

Cette différence dans les antécédents sert de base à sa division : il partage les phénomènes intellectuels en deux grandes classes : « en affections externes et en affections internes de l'esprit. »

« La première offre des subdivisions faciles, d'après les organes corporels affectés. »

La seconde peut se subdiviser en deux ordres : les *états intellectuels* et les *émotions* (1).

Il suffit de comparer cette classification à celles qui avaient cours auparavant, pour voir qu'elle échappe à toutes les objections sous lesquelles celles-ci succombent : elle embrasse tous les phénomènes, et elle repose sur une distinction prise dans la nature même des choses; tandis que d'autres classifications, celles, par exemple, qui rapportent les phénomènes à l'*entendement* et à la *volonté*, ou bien aux *facultés intellectuelles* et aux *facultés actives*, ont l'inconvénient de laisser en dehors un grand nombre de faits, et même de n'établir aucune distinction réelle entre ceux dont elles prétendent faire des genres séparés.

Ce n'est point en ceci seulement que Brown diffère de Reid et de plusieurs autres philosophes, il en diffère encore sous un autre rapport beaucoup plus important, je veux dire sous le rapport du point de vue général auquel on a l'habitude de considérer tous les phénomènes intellectuels; en un mot en ce qui concerne la *conscience*.

(1) Leç. 16.

II. — *De la conscience.*

On sait que les philosophes ne sont point d'accord sur la conscience : les uns, tels que Descartes, Locke, Destutt de Tracy et Laromiguière, la considèrent, non comme une faculté particulière, mais comme la condition de l'intelligence ; les autres, comme Reid, Stewart, R. Collard, Jouffroy et M. Cousin la regardent, au contraire, comme une faculté speciale ; suivant eux, la conscience diffère des autres facultés intellectuelles, comme celles-ci diffèrent les unes des autres, et elle a pour objet toutes les opérations de l'esprit.

Conformément à la première opinion, et contrairement à la seconde, Brown soutient que la conscience n'est qu'un nom général qui exprime l'ensemble des affections diverses de l'esprit. D'après lui, l'âme ne peut exister en même temps dans deux états différents. *J'ai conscience d'une affection particulière* signifie seulement : *je me sens affecté d'une certaine manière* ou *mon esprit existe dans cet état* qui constitue un certain sentiment. L'opinion de Reid qu'il combat, il l'attribue à une confusion de pensées et à une confusion de mots : On ne s'est pas aperçu, dit-il, que ce qu'on appelle conscience, n'est que le sentiment de notre identité personnelle, révélée par la mémoire, et l'on s'est affermi dans cette illusion par l'emploi du pronom *je* ou *moi*. En un mot, il n'y a dans l'esprit qu'une succession de manières d'être; et entre la notion du moi, la conscience et la mémoire il n'y a nulle différence, si ce n'est que la réflexion s'applique, dans le premier cas, à la substance pensante elle-même, dans le second, à l'une de ses modifications présentes, et dans la troisième à une modification passée (1).

Que la conscience consiste uniquement dans l'idée du moi ou dans la croyance à l'identité personnelle, c'est une proposition si évidente, qu'il suffit de l'énoncer pour produire une conviction irrésistible. La meilleure preuve que la

(1) La conscience dans la plus simple acception du mot, lorsqu'on la considère par rapport au présent seulement, n'est pas une faculté particulière de l'esprit, ni le nom d'une classe distincte de phénomènes; ce n'est qu'une expression générale, applicable à tout ce qui se passe en nous, à nos sensations, à nos pensées, à nos désirs, en un mot à toutes nos modifications intellectuelles, quelles qu'elles soient. Quand ce mot exprime quelque chose de plus, ce ne peut être que le souvenir de quelque état antérieur de l'esprit, et la comparaison d'une affection actuelle à une affection rappelée. C'est une expression très-heureuse au moyen de laquelle nous abrégeons le discours, lorsque nous parlons de nos différentes manières d'être, de même que nous employons tout autre terme général pour embrasser à la fois une multitude d'individus qui se rassemblent par quelque propriété commune. (Leç. 11).

conscience n'est pas une faculté particulière, c'était donc la simple exposition des faits. Mais les preuves négatives que Brown passe sous silence ne sont peut-être pas moins puissantes contre l'opinion contraire.

A l'hypothèse de Reid et de ses disciples on peut, ce me semble, reprocher autre chose qu'une confusion de pensée et de langage, je veux dire l'inutililité et l'impossibilité. En effet, quand on fait de la conscience une faculté spéciale, on ne peut se proposer que deux choses : de donner une explication au phénomène de la connaissance et une base à la certitude ; or l'hypothèse ne donne ni l'une ni l'autre.

D'après Reid et son école, la conscience a pour objet ce qui se passe dans l'âme ; donc son rôle ne peut tout au plus consister qu'à doubler les opérations intellectuelles. Avant l'intervention de cette prétendue faculté, la connaissance n'existe pas encore, ou bien elle existe déjà ; dans le premier cas, le témoignage de la conscience ne portera sur rien ; dans le second, à quoi servira-t-il ? Loin d'expliquer le phénomène de la connaissance, la conscience le suppose et ne pourrait pas même exister sans lui.

Il lui est également impossible de rien ajouter à la certitude ; car à la proposition *je sais*, substituer la phrase *je sais que je sais* serait tout simplement reculer la difficulté. Le sceptique aura toujours le droit de demander : *avez-vous conscience de la conscience de ce que vous savez.*

L'intervention de la conscience, à quelque point de vue qu'on la considère, est donc tout à fait inexplicable, et par conséquent elle ne constitue pas une faculté particulière.

SECTION PREMIÈRE

ÉTATS EXTERNES DE L'ESPRIT

Brown entend par *états externes* toutes les manières d'être de l'esprit qui ont leur cause occasionnelle dans une modification quelconque des organes des sens; et il comprend sous cette dénomination non-seulement les sensations qu'on rapporte aux cinq sens, au goût, à l'odorat, à l'ouïe, à la vue et au toucher, mais encore toutes celles qui ont leur principe dans l'intérieur de l'organisme, tels que nos appétits, la faim et la soif, par exemple; les sensations du chaud et du froid; les affections musculaires, comme le besoin alternatif du mouvemement et du repos, etc. Tous ces phénomènes, il les analyse et les décrit avec la plus minutieuse attention; il donne de chacun de nos sens une théorie à peu près complète et digne d'un médecin physiologiste (1); mais ne pouvant entrer ici dans aucun détail particulier, nous nous bornerons à ce qu'il y a de général, et à ce qui intéresse exclusivement le philosophe.

De toutes les questions qu'on peut se poser sur les sensations, il en est une qui précède et domine toutes les autres; c'est la question relative à l'existence du monde extérieur ou de la matière; c'est sur ce terrain que se sont rencontrés face à face et d'une manière hostile le scepticisme, l'idéalisme, le matérialisme, le système de l'identité absolue, le nihilisme et d'autres fantaisies métaphysiques. C'est le moulin à vent de la philosophie. Autour de ce fantôme, et sur ce champ de bataille si souvent couvert de débris, nous verrons aux prises deux adversaires dignes l'un de l'autre, Reid et Brown.

La question de l'existence de la matière et les discussions qu'elle engendre ne se rencontreraient pas dans les livres des philosophes si l'on voulait s'entendre sur la nature de la sensation et de la perception, surtout si l'on ne prétendait pas séparer deux choses nécessairement inséparables.

(1) Leç. 17 à 30.

Nous saisirons donc l'occasion d'examiner la théorie de la perception que Brown s'efforce de substituer à celle de Reid, afin de montrer en quoi ces deux philosophes diffèrent l'un de l'autre, et afin de poser d'avance quelques-uns des principes qui nous serviront à dissiper les préjugés qui se sont renouvelés de nos jours touchant la sensation.

I. — *Origine de la croyance à l'existence du monde matériel.*

Nous avons conscience de ce qui se passe au dedans de nous, de nos pensées, de nos joies et de nos douleurs, de nos craintes et de nos espérances, et à cette occasion nous croyons invinciblement qu'il existe en nous une substance qui est le sujet de ces modifications diverses; nous croyons en un mot à l'existence et à l'identité permanente de l'esprit. Mais cette croyance n'est pas la seule qui existe dans l'entendement humain : nous croyons aussi que ce principe spirituel est uni à un système d'organes matériels avec lesquels il a des rapports intimes, et que ces organes eux-mêmes sont en rapport avec d'autres corps extérieurs dont ils subissent l'action et sur lesquels ils peuvent réagir à leur tour. Cette croyance est invincible et universelle comme la première; mais est-elle immédiate comme elle et dérive-t-elle aussi d'une intuition primitive et instantanée ? Ou bien est-elle le résultat graduel de révélations successives ou de principes antérieurs et plus généraux ? Est-elle attachée à nos sensations ? et, dans ce cas, aux opérations de quel sens est-elle particulière ? On ne peut répondre à ces questions qu'en recherchant avec soin les circonstances dans lesquelles cette croyance naît dans l'esprit; c'est ce que nous nous proposons de faire avec Brown, ayant soin de nous servir toujours de ses expressions, même lorsque nous ne pourrons le traduire.

C'est un point généralement admis par les philosophes que les sensations du goût, de l'odorat, de l'ouïe et de la vue ne peuvent nous donner l'idée des objets extérieurs. Si nous étions réduits à ces quatre sens, nous pourrions bien éprouver les sensations qui sont propres à chacun d'eux; mais ces affections diverses se succéderaient en vain dans l'âme; elles ne différeraient en rien pour nous de ces manières d'être qui suivent certaines lois d'association et n'ont d'autres principes que l'activité spontanée de l'esprit; jamais elles ne pourraient nous suggérer la pensée de les rapporter à une cause extérieure et matérielle. En vertu du principe de causalité nous les rapporterions sans doute à une cause quelconque, mais jamais à une cause qui fût douée de qualités telles que celles que nous avons appelées *qualités premières* de la matière, savoir : l'étendue et l'impénétrabilité. De cette impossibilité pour nous d'arriver, à l'aide de ces quatre sens, à la notion de la matière, il a semblé à Reid, à Stewart et à plusieurs autres philosophes, qu'il résultait, comme conséquence nécessaire, que cette notion devait être rapportée au toucher.

Brown est d'une opinion contraire : il cherche à prouver que les idées d'impénétrabilité et d'étendue ont leur source dans des affections organiques, non tactiles, mais musculaires; en d'autres termes, il prétend que ces deux *qualités premières* de la matière ne sont pas dans l'origine des qualités tangibles.

« Notre système musculaire, dit-il, n'est pas simplement un appareil vivant de locomotion, il est aussi un véritable organe de sens. Quand je remue le bras sans aucune résistance, j'ai conscience d'un certain sentiment; quand ce mouvement est arrêté par la présence d'un corps extérieur, j'éprouve une manière d'être différente, qui provient bien sans doute en partie de l'affection de l'organe du toucher, mais qui ne consiste pas tout entière dans cette sensation; car, si la même pression s'exerce par une force étrangère et sans aucun effort musculaire de ma part, ma manière d'être devient alors fort différente. C'est le sentiment de cette résistance à un mouvement volontaire et progressif (combiné peut-être avec la simple impression tactile), qui constitue ce que nous appelons la sensation de solidité ou de dureté. N'était cette affection musculaire, l'impression sur le toucher ne serait rien de plus qu'une sensation indifférente, agréable ou désagréable, suivant la force plus ou moins grande de la pression. C'est ainsi que le calorique, qui certainement n'est pas immatériel, agissant avec différents degrés d'intensité sur ce même organe du toucher et sur les différentes parties de sa surface, produit en nous des sensations indifférentes, agréables ou désagréables, sans néanmoins nous suggérer l'idée de la présence d'un corps quelconque extérieur à nous-mêmes. »

Si sur la main d'un enfant, qui ignore encore s'il a des organes matériels en rapport avec d'autres corps, on applique pour la première fois un solide quelconque, « cette impression, ajoute Brown, excitera sans doute une certaine sensation, mais ce ne sera pas celle de résistance, car celle-ci implique toujours le sentiment d'un effort musculaire comprimé, et par conséquent ce ne sera pas non plus une sensation de dureté qui n'est qu'un mode de la résistance. » Il en serait tout autrement néanmoins, si l'enfant essayait de comprimer le corps qui est dans sa main, « car alors l'obstacle produirait en lui le sentiment de la résistance. » — « Ce sentiment, ajoute encore Brown, ce sentiment qui dans tous les cas où il y a effort volontaire, se combine avec la sensation particulière du toucher, pourra dans la suite, chaque fois qu'une sensation du même genre aura lieu, se reproduire dans l'âme et faire naître par voie d'association l'idée de dureté dans le corps touché, sans qu'il y ait de la part de la volonté aucun effort musculaire (1). »

L'association intime de ces deux affections n'a pas même été remarquée d'un grand nombre de philosophes; là où il y avait deux éléments, on n'en a vu qu'un; c'est ce qui a favorisé le préjugé vulgaire qui rapporte au sens du toucher l'origine de la croyance au monde extérieur. Brown, au contraire, a nettement distingué le sentiment de la résistance de la sensation du toucher, et cette analyse plus exacte lui a permis de rapporter à sa véritable source la notion de l'une des qualités premières de la matière. Toutefois pour donner plus de poids à sa propre autorité, il eût pu invoquer celle de notre illustre et ingénieux compatriote, Destutt de Tracy, qui, dans ses *Éléments d'Idéologie,* avait

---

(1) Leç. 22.

avant lui développé la même doctrine, et fait au système musculaire sa part dans l'acquisition des idées.

Si le toucher est impuissant à nous révéler l'impénétrabilité et tous ses modes, il ne l'est pas moins et plus évidemment encore à nous révéler l'étendue et ses différentes modifications. S'il est vrai, comme on le suppose, que le toucher nous livre l'étendue et la figure directement et primitivement, de même que l'ouïe nous livre le son et toutes ses variétés, il suit nécessairement qu'il doit nous faire connaître toutes les variétés de la grandeur et de la forme. Or l'expérience contredit cette assertion : en effet, si, ayant soin de fermer d'abord les yeux, nous touchons un corps d'une forme irrégulière et que nous n'avons pas vu, nous nous trouvons incapables même d'en soupçonner les formes et les dimensions, si le corps que nous touchons est petit, comme la tête d'une épingle, par exemple, nous éprouvons bien une certaine sensation, mais c'est à peine une sensation de grandeur, loin que nous ayons l'idée d'une figure déterminée. Si, même après que l'expérience et le concours des autres sens nous ont familiarisés avec le monde extérieur, nous sommes incapables, au moyen du toucher seulement, d'apprécier les surfaces planes elles-mêmes, il faut en conclure qu'*à fortiori* ce sens ne peut nous apprendre à juger des solides ou des dimensions des corps.

Quelle est donc l'origine de l'idée d'étendue ? vient-elle à l'esprit comme une révélation soudaine ou par gradations successives ? a-t-elle son principe dans une affection musculaire, comme la notion de l'impénétrabilité ?

Pour bien entendre les explications de Brown, il faut se mettre à son point de vue et savoir que, pour découvrir l'origine et la formation de l'idée de la matière, il suppose un être ignorant qu'il a un corps et qu'il y a hors de lui d'autres corps avec lesquels le sien est en contact; en un mot, un être qui soit exactement dans l'état où se trouve l'enfant qui vient de naître. Le passage suivant fait connaître sa manière de procéder et donne en même temps la solution du problème, tel qu'il l'entend.

« La main est l'organe principal du toucher. Elle est formée de plusieurs articulations qui se meuvent sans effort et s'adaptent facilement à tous les contours du corps qu'elle palpe. Si nous la fermons ou si nous l'ouvrons graduellement, nous éprouvons une série de sensations qui varie suivant les degrés différents de contraction ou d'extension musculaire, et qui nous suggère l'idée d'une succession qui est d'une certaine longueur. De même si nous étendons graduellement le bras dans des directions diverses, ou si nous le ramenons à nous-mêmes, nous éprouvons à chaque effort des muscles une sensation distincte, qui nous informe parfaitement de la progression du membre qui se déplace. Le mouvement progressif de la main qui se ferme nous procure donc nécessairement une suite de sensations, qui d'elle même peut ou plutôt doit nous donner l'idée de longueur, d'une longueur qui varie selon que les doigts se rapprochent plus ou moins de la paume; l'extension graduelle du bras, nous procurant la même succession de modifications intellectuelles, doit aussi faire naître en nous la notion d'une longueur proportionnée aux différents degrés d'ouverture du bras. » — « Cette espèce de contention prolongée finit donc, après une répétition plus ou moins fréquente, par devenir représentative d'une certaine longueur, de même que dans la vision la dégradation des couleurs devient enfin l'indice de la distance; dans l'un et l'autre cas, c'est le même principe d'association qui assemble et combine des idées d'abord séparées (1). »

Rassemblons en deux mots ce qu'il y a d'essentiel dans les deux passages que nous venons de lire, et nous aurons au juste toute la théorie de

(1) Leç. 23.

Brown sur l'origine et la formation de la croyance au monde extérieur.

La conscience d'une succession progressive de sentiments dans l'âme nous suggère l'idée de longueur : d'abord d'une ligne qui devient bientôt le principe générateur des surfaces, car deux lignes parallèles nous conduisent par leur juxtaposition à l'idée de largeur, et la troisième dimension de l'espace, n'étant qu'un composé des deux premières, nous donne l'idée de profondeur et complète la conception de l'étendue et ses configurations possibles. Arrivés là, nous n'avons plus qu'un pas à faire : sous ces longueurs imaginaires, ces lignes idéales et ces surfaces abstraites, nous n'avons qu'une chose à mettre : la matière; or nous avons vu que celle-ci nous est donnée dans le sentiment de la résistance qui s'oppose quelquefois à l'action des muscles qui se contractent ou s'étendent.

C'est ainsi que, suivant Brown, nous acquérons l'idée de quelque chose qui n'est pas nous, de quelque chose qui est impénétrable et étendu, enfin l'idée de la matière ou du corps.

Quand bien même on n'admettrait pas les conclusions de Brown, on ne pourrait se refuser à reconnaître au moins que, dans ses efforts pour les justifier, il n'ait déployé le talent d'un observateur habile et habitué à lutter contre les difficultés.

Pour nous, il nous a semblé qu'en ce qui regarde l'origine de l'idée de résistance, il a montré d'une manière très-satisfaisante ce que nous devons aux affections musculaires; sous ce rapport il est supérieur à Reid, qui n'a parlé de ces affections qu'en passant et sans en soupçonner l'importance; il est enfin le digne commentateur de Desttut de Tracy, à qui revient l'honneur d'en avoir déterminé le rôle dans l'acquisition de nos idées.

Mais nous n'accorderons point le même éloge à sa théorie sur l'origine de l'idée d'étendue : nous ne comprenons point d'abord comment de l'idée de longueur dans le temps on peut passer à l'idée de longueur dans l'espace. Les idées du temps et de l'espace sont, il est vrai, marquées des mêmes caractères dans l'intelligence humaine, mais les réalités ou les relations qu'elles supposent ou qu'elles atteignent sont profondément distinctes, et l'idée de l'un ne peut se convertir en celle de l'autre : il y a ici plus qu'une transformation, il y a création. Il est incontestable sans doute que, dans l'intelligence développée, ces deux idées se confondent quelquefois; il est incontestable du moins que le langage vulgaire exprime par les mêmes mots les rapports des objets dans le temps et dans l'espace, mais n'était-il pas digne de Brown de ne pas conclure d'une conjonction constante à une identité absolue, et de ne pas employer un subterfuge auquel a souvent recours l'ignorance, qui prétend tout expliquer, subterfuge qui consiste à rendre compte d'un mystère par quelque chose qui n'est pas moins inintelligible, mais qui ne nous paraît pas tel uniquement parce que l'habitude nous l'a rendu familier?

Mais accordons que le résultat soit légitime, que le passage d'une idée à l'autre soit possible et même réel, le procédé dialectique de Brown n'en est pas moins vicieux. La succession dans le temps suggère, dit-il, la ligne dans l'espace; si cela est, tout est dit; la longueur étant connue, les autres dimensions le sont aussi; vous avez l'étendue. Pourquoi après cela ajouter que « deux longueurs parallèles engendrent la largeur? » Ces deux longueurs ont de la largeur ou non; dans le premier cas, c'est chercher ce qui est trouvé déjà; dans le second, c'est additionner deux zéros et poser l'unité.

Brown est donc ici coupable d'un paralogisme analogue à celui de Reid, qui cherche l'idée d'étendue après avoir supposé l'existence des organes corporels.

Ce n'est pas tout : par la succession des phénomènes purement internes, nous acquérons la notion de la durée ou du temps bien avant que l'âme sache qu'elle est unie à un corps; pour acquérir l'idée de l'étendue, nous n'avons donc pas besoin d'attendre l'intervention du système musculaire.

Enfin, sa théorie tombe devant un argument bien simple : à quoi se réduit l'idée du temps? à l'idée de substance. Qu'est-ce en effet que la durée ou le temps? la série des phénomènes qui se succèdent en nous. Que sont, à leur tour, au point de vue du concret, ces phénomènes successifs? des substances diversement modifiées que nous appellerons plus tard le moi et le non-moi, mais qu'ici nous n'avons pas le droit de nommer, puisque l'une d'elles est supposée inconnue.

L'idée du temps est donc réductible à l'idée de substance. Or dans la pensée de Brown, il ne peut être question que de phénomènes subjectifs, et par conséquent du moi ou de la substance spirituelle; son raisonnement revient donc à dire que l'idée de l'esprit se transforme en celle de la matière.

Des explications de notre auteur nous ne pouvons donc rien conclure. D'ailleurs, en pareille matière peut-être n'est-il pas philosophique de chercher des conclusions certaines; car les principes d'où il faudrait les tirer, sont probablement au delà de la portée de notre intelligence. L'esprit et la matière nous ont été révélés, voilà ce qu'il y a de certain; mais le mode et l'époque précise de cette révélation, peut-être sommes-nous condamnés à les ignorer à jamais; car l'observation directe nous étant interdite ici, nous sommes obligés de recourir à la logique; or celle-ci ne nous fournit que deux principes de raisonnement : la loi des relatifs et la loi des contraires; mais si en vertu de la première, le moi et le non-moi sont donnés en même temps, il ne s'ensuit pas que le non-moi soit matériel plutôt que spirituel; d'autre part, appliquer la loi des contraires, c'est supposer la question, et de plus la nature des substances connue; dans l'un et l'autre cas le paralogisme est donc inévitable.

II. — *Examen de la doctrine de Reid sur la perception, et de sa prétendue réfutation de l'idéalisme.*

On croit assez communément que la principale gloire de l'école écossaise est d'avoir réfuté l'idéalisme, et donné la théorie véritable de la perception; c'est du moins ce dont Reid se glorifie dans sa lettre au Dr Grégory : « Je manquerais de franchise, si je ne faisais l'aveu que je trouve quelque mérite dans ce que vous vous plaisez à nommer ma philosophie; mais je pense qu'il réside principalement dans la mise en question de la théorie commune des *idées* ou *images des choses dans l'esprit* considérées comme les seuls objets de la pensée, théorie fondée sur des préjugés si naturels et si universellement reçus, qu'elle a pénétré dans la structure même du langage..... » et plus loin : « A peine peut-on m'attribuer dans la philosophie de l'esprit humain une seule observation qui ne découle facilement de la destruction de ce préjugé (1). »

Royer Collard fit valoir en France ces prétentions; elles y furent reconnues par tous les philosophes; voyons si elles sont fondées.

Rappelons d'abord la doctrine de Reid : « Lorsque je flaire une rose, dit-il, il y a à la fois sensation et perception dans cette opération. L'odeur agréable que je sens, considérée en elle-même, et sans aucune relation à la rose, est la sensation proprement dite; elle m'affecte d'une certaine manière, et cette affection n'a rien de commun avec la rose ni avec aucun autre objet. La sensation est uniquement ce que j'éprouve; son essence consiste à être sentie; quand elle cesse de l'être, elle n'est plus; en un mot, il n'y a aucune différence entre la sensation et ce que sent l'esprit qui en est affecté. C'est pour cela que nous avons dit ailleurs que le fait

---

(1) *Œuvres de Reid; Vie de Reid*, p 57.

de sensation ne renferme point d'objet distinct de l'acte de l'esprit qui sent, et cela est vrai de toutes les sensations possibles. »

« Examinons maintenant la perception que nous avons en flairant une rose. Toute perception a un objet hors de nous, et cet objet, dans le cas présent, est la qualité que mon odorat discerne dans la rose. L'expérience m'apprend que la sensation est excitée par la présence de la rose, et qu'elle s'évanouit quand la rose s'éloigne; les principes de ma nature me font conclure de là qu'il y a dans la rose une qualité qui est la cause de la sensation. Cette qualité de la rose est l'objet perçu, et l'acte de mon esprit, par lequel je crois à son existence, est ce que nous appelons ici *perception* (1). »

D. Stewart à son tour s'exprime ainsi : « Cet argument (des sceptiques) est sans réplique contre l'existence de la matière, si on admet la théorie des idées (représentatives); mais cette théorie, loin d'être évidente, est, au contraire, tout à fait inconcevable. C'est un fait que les notions que nous avons des qualités des corps ne ressemblent en rien ni à nos sensations ni à aucun phénomène dont nous ayons conscience; et nous ne devons pas mettre en question la réalité de ce

(1) *Œuvres de Reid*, liv. II ch. 16, p. 263.

que nous percevons, parce que nous ne pouvons réconcilier ce fait avec les théories philosophiques qu'il nous a plu d'adopter (1). »

Telle est la doctrine de Stewart et de Reid; elle comprend, comme on voit, deux choses : 1º la destruction de ce qu'ils appellent « la théorie commune » des idées ou images des choses dans l'esprit, considérées comme les objets immédiats de la pensée; 2º la preuve de l'existence du monde matériel, comme conséquence d'une théorie plus simple de la perception. C'est sur ces deux points que Brown attaque ses deux devanciers.

Il ne nie pas que Reid ait combattu la théorie des idées représentatives, mais il nie que cette théorie fût encore à cette époque « la théorie commune; » il croit, au contraire, qu'elle était alors presque universellement abandonnée, et que les philosophes ne parlaient des idées ou des images dans l'esprit que comme nous en parlons encore aujourd'hui, n'entendant par là rien de plus que ce que nous entendons nous-mêmes. Il prouve son assertion par des extraits d'un grand nombre d'auteurs : de Locke, Hobbes, Descartes, Arnauld, et de deux autres écrivains moins célèbres, Leclerc et Crouzas, dont les

---

(1) *Esquisses de philosophie morale*, p. 23.

ouvrages élémentaires étaient alors en usage dans les écoles. Ces citations ne peuvent être transcrites ici; le lecteur pourra les lire tout au long dans la vingt-septième leçon du cours, ou par fragments dans les extraits traduits par M. L. Peisse (1). Elles montrent toutes qu'à l'exception de Mallebranche et Berkeley, tous les philosophes avaient rejeté la croyance aux idées représentatives à l'époque où Reid écrivait, et que s'ils parlaient quelquefois d'images dans l'esprit, c'était par pure métaphore et pour se conformer à un langage depuis longtemps consacré.

Mais admettons, pour un moment, que le préjugé ait été aussi général que Reid le prétend, accordons-lui l'honneur d'avoir au moins porté le dernier coup au système des idées-images et de lui avoir substitué la vraie théorie de la perception : en quoi la destruction de ce préjugé et l'établissement du fait contraire favorisaient-ils la démonstration de l'existence du monde extérieur? Le scepticisme sur ce point dépendait-il donc de l'existence ou de la non-existence des idées représentatives? Brown ne le pense pas; il affirme au contraire que par la destruction de ce préjugé non-seulement le scepticisme ne perd rien de sa

---

(1) *Fragments de philosophie*, p. 158.

force, mais qu'il devient encore plus difficile à réfuter.

« On n'a qu'à remplacer le mot *idée* par la phrase synonyme d'*affections* ou *états de l'esprit*, dit-il, et le scepticisme, s'il n'est pas plus fort, conserve du moins exactement la force qu'il avait auparavant. Dans un cas, le sceptique dira que nous ne sentons que les idées seules, et non les objets extérieurs qui peuvent n'avoir aucune ressemblance avec ces idées; dans l'autre, il dira que la perception n'est, comme tous nos autres sentiments, qu'un état de l'esprit; et que nous n'avons conscience que de cet état et des autres états et modifications de notre esprit qui se succèdent diversement, et non des objets extérieurs, qui ne sauraient eux-mêmes faire partie de cette scène mentale de la conscience. Quelque force qu'il puisse y avoir dans le premier de ces raisonnements sceptiques, je crois qu'il y en a autant, et même plus, à cause de sa plus grande simplicité, dans le second; et par conséquent la réfutation des théories de la perception fondées sur la supposition des images, quelque complète qu'on la suppose, ne rend pas du tout moins difficile la tâche de prouver *logiquement* (si tant est que notre croyance ait besoin d'une preuve logique) l'existence du monde matériel.

« Bien plus la réfutation de l'hypothèse des

idées représentatives, en la supposant même irréfragable, diminuerait si peu la force du scepticisme à l'égard de l'existence de la matière, que de deux sceptiques dont l'un adopterait tout ce que Reid croit avoir réfuté au sujet des idées, et dont l'autre ne verrait dans les idées que de purs états de l'esprit, le premier serait, sans nul doute, plus facile à confondre, puisque sa croyance implique déjà l'existence de *quelque chose* hors de l'esprit; tandis que le second soutient seulement que tout ce dont il a conscience n'est qu'une suite d'affections de son propre esprit, et qu'il ne peut rien connaître hors de cette conscience (1). »

Ainsi, quand même il serait avéré que Reid eût renversé le système des idées représentatives, il n'aurait pas fait un pas de plus vers la réfutation du scepticisme; il l'aurait au contraire rendue en quelque sorte plus difficile, en prêtant contre elle de nouvelles armes. Mais on n'attribue pas seulement à Reid l'honneur d'avoir détruit une erreur, on lui attribue aussi celui d'avoir rétabli une vérité jusque-là méconnue, c'est-à-dire d'avoir au système des idées-images substitué la vraie théorie de la perception. C'est sur ce point important que nous allons avec Brown interroger sa doctrine.

(1) Leç. 28. (Traduction L. Peisse; *Fragments de philosophie*, p. 178.)

La perception est-elle une faculté proprement dite? Est-elle primitive ou ultérieure? Ses produits sont-ils simples ou complexes? A ces questions on trouve des réponses dans Reid et son disciple D. Stewart.

Ces deux philosophes distinguent la perception de la sensation et en font une faculté particulière. Suivant eux, la sensation n'est que la modification intellectuelle qui résulte d'une impression sur l'organe des sens. La perception, au contraire, est l'opération par laquelle nous prenons connaissance des qualités de la matière, au moyen de la sensation. Cette dernière n'a jamais d'objet, elle consiste tout entière dans l'acte de l'esprit qui sent. La perception, au contraire, a toujours un objet extérieur; la qualité de l'objet matériel qui produit en nous la sensation est l'objet perçu, et l'acte de l'esprit par lequel nous affirmons l'existence de cette qualité est ce qu'on appelle la perception. Le simple plaisir que procure l'odeur d'une rose est une sensation qui est indépendante de toute pensée à l'objet extérieur; mais la croyance qu'il y a dans la rose une qualité qui nous affecte agréablement constitue le phénomène de la perception.

Ces assertions, Brown les combat en partie; il n'admet pas que la perception soit une faculté particulière; il l'analyse en elle-même, et après en avoir séparé les éléments, il rapporte les uns à la mémoire, les autres à l'imagination soumise à certaines lois d'association.

« Après les acquisitions successives de l'expérience, dit-il, si l'homme, incapable de rappeler les développements spontanés de sa pensée, cherche au moins à se rendre compte de ce qui se passe dans son intelligence, telle que l'ont faite l'habitude et la réflexion, il ne peut pas ne pas reconnaître qu'il réfère un certain nombre de ses modifications internes à une cause extérieure et matérielle. Ces affections, considérées en elles-mêmes et telles qu'elles sont au moment même où elles se produisent, reçoivent le nom de sensations; et lorsqu'elles sont suivies de l'acte de l'esprit qui les rapporte à une cause extérieure, elles prennent le nom de perceptions; par là nous entendons seulement ajouter au phénomène primitif un élément nouveau, précisément cet acte de l'esprit qui conçoit la cause occasionnelle de ses modifications. Mais en quoi consiste cette induction qui nous autorise à employer une expression nouvelle? Dans la suggestion de quelque chose d'étendu et de résistant que nous savons avoir été pour nous dans le passé l'occasion de sensations semblables à celle que nous lui rapportons actuellement. Si nous n'avions pas eu d'autres sens que ceux de l'odorat, du goût, de l'ouïe et de la vue, nous n'aurions rien su de l'existence des substances étendues et solides, et, par conséquent, nous n'aurions pu rapporter à ces causes extérieures les sensations agréables ou désagréables que nous devons à ces sens, pas plus que nous ne songeons à rapporter directement à une cause externe nos émotions agréables ou pénibles, ou toute autre affection interne de l'esprit. Il est donc évident que dans toutes nos sensations, à l'exception d'une seule classe, ce que Reid appelle perception et ce qu'il considère comme l'opération d'une faculté particulière n'est rien autre chose qu'une suggestion de mémoire ou d'association, laquelle ne diffère en rien des autres suggestions qui résultent de la coexistence ou de la succession d'autres affections, également uniformes ou fréquentes. C'est donc dans une classe de modifications seulement, dans celle que Reid attribue au toucher, que la perception, qu'il regarde comme une faculté spéciale et s'étendant à toutes nos sensations, peut se considérer comme une opération primitive, en accordant toutefois à cet auteur la supposition que notre croyance à une étendue solide ne soit pas, au moyen d'une analyse plus subtile, réductible à d'autres principes plus généraux. Si cependant l'analyse que j'ai faite de la notion complexe de la matière est juste et vraie, la perception, tant par rapport aux sensations originelles du toucher que par rapport à celles que nous recevons immédiatement de l'odorat, du goût, de la vue et de l'ouïe, n'est qu'un exemple particulier de ces opérations diverses du principe de suggestion ou d'association. Mais, même en partant des principes de ce philosophe, la perception ne s'étend pas à toutes les variétés de nos sensations originelles, et elle doit être bornée à la seule classe de celles qu'il considère comme tactiles; encore dans cette seule classe, à laquelle, d'après ses propres principes, elle doit s'arrêter, la perception n'est-elle pas tant une faculté particulière qu'une croyance intuitive, par laquelle nous sommes irrésistiblement portés à rapporter à des causes extérieures et matérielles l'origine de certaines sensations en nous; ou si à cette espèce d'intuition nous donnons le nom de faculté, nous devons le donner également à toutes nos intuitions, et ranger au nombre de nos facultés la croyance à l'ordre constant de la nature ou à notre identité personnelle, aussi bien que notre croyance au monde matériel, si nos sens eux-mêmes sont impuissants à nous en donner aucune connaissance (1). »

Si nous avons bien compris la pensée de Brown, deux idées la résument : la perception

---

(1) Leç. 25, p. 161.

n'est pas une faculté particulière, et par conséquent elle ne rend pas compte de la croyance à l'existence du monde extérieur.

Nous admettons ces conclusions, mais nous n'admettons point les principes et les procédés de démonstration par lesquels l'auteur y arrive.

En réduisant la perception à la mémoire et à la *suggestion* qui lui emprunte ses données, il ne s'aperçoit pas qu'il reste lui-même exposé aux objections qu'on peut faire à Reid et à Stewart; car comment la mémoire a-t-elle acquis les connaissances sur lesquelles elle s'exerce maintenant? En remontant à l'origine, on arrive nécessairement aux faits primitifs qui constituent nos premiers souvenirs; or ces faits primitifs sont ou des sensations ou des perceptions. L'assertion de Reid subsiste donc; et elle subsistera tant que l'on n'aura pas démontré que la perception ne contient rien de plus que la sensation.

Brown, ne s'étant jamais fait une idée bien exacte de ce que la sensation est en elle-même, ne pouvait dévoiler les erreurs de ses deux devanciers sur la nature de ce phénomène intellectuel. Il était cependant facile de voir que dans l'analyse qu'ils en ont faite, ils ont oublié un élément de la plus haute importance. Impression d'un objet extérieur, affection organique, modification mentale (les deux premiers faits restant inconnus, le troisième seul parvenant à la conscience), voilà, disent-ils, la sensation tout entière. Selon nous, quelque chose vient s'ajouter à la modification intellectuelle, savoir : un acte de l'esprit qui la rapporte à une cause quelconque, car il faut que la sensation renferme ce second élément pour qu'elle soit ce qu'elle doit être.

Quels sont maintenant les éléments qui entrent en plus dans la perception, et qui peuvent nous autoriser à en faire une faculté spéciale? Elle a, dit-on, conscience de l'affection organique et de l'action d'un objet extérieur sur les sens; elle ne contient donc, comme la sensation, qu'une modification intellectuelle et une induction; la seule différence entre elles, c'est que, dans la seconde, l'induction atteindrait une cause matérielle, tandis que, dans la première, elle n'atteint qu'une cause quelconque. Mais cette seule différence dans les objets de la conception suffit-elle pour poser en principe une différence essentielle entre les deux opérations, considérées comme phénomènes subjectifs? Nous ne le croyons pas : l'opération ne change point de nature, parce que son objet en change; autrement il faudrait inventer des facultés nouvelles suivant le degré ou la quantité d'être contenu dans chaque idée; et s'il existait, par exemple, une substance intermédiaire entre la substance spirituelle et la substance matérielle, il faudrait créer une faculté particulière qui tînt le milieu entre la sensation et la perception ; mais l'instrument qui agit sur des matériaux différents n'en reste pas moins toujours le même ; et tout ce qu'on peut jeter dans un moule n'en altère ni la forme ni la capacité.

Ainsi, pour que la sensation soit possible, c'est-à-dire pour qu'elle soit un phénomène intellectuel, il faut au moins que l'esprit sache qu'elle succède en lui à quelque chose, en d'autres termes, qu'elle a un antécédent ; il y a donc en elle conception nécessaire d'une cause n'importe laquelle, tout au moins idéale ; et par conséquent elle a un objet ; loin d'accorder que cet objet puisse être un objet matériel, Reid en nie même l'existence ; il craint d'accorder un privilége à la sensation ; il ne veut pas que cet objet se révèle sitôt, et surtout l'objet étendu et résistant ; il convient d'attendre avant d'arriver à la perception. Par celle-ci, dit-il, l'âme sort enfin d'elle-même, et rapporte sa modification interne à quelque chose d'extérieur ; mais avant de la rapporter à ce *quelque chose*, elle savait ce à quoi elle la rapportait, autrement elle ne l'aurait rapportée à rien ; donc la matière était connue avant l'intervention de la perception.

Le même paralogisme est plus évident encore dans les arguments de Reid, lorsqu'il affirme que la sensation se renferme en elle-même; il ne voit pas qu'il y a là contradiction dans les termes, puisque le mot sensation implique un phénomène qui a son origine dans les sens, qui eux-mêmes sont extérieurs. Et qu'on ne dise pas que la pétition de principe n'est ici imputable qu'à l'imperfection du langage : on sait, comme nous l'avons déjà dit, que Reid, avant de rechercher l'origine de la croyance au monde matériel, a déjà supposé que l'âme est unie à un système d'organes corporels.

Ces objections, dirigées contre la perception de Reid, retombent sur la *mémoire* et sur la *suggestion,* qui, d'après Brown, décomposent cette prétendue faculté.

Mais, si en ce qui concerne la perception, le philosophe d'Édimbourg n'a fait que reculer la difficulté, il n'en est pas moins dans le vrai, selon nous, lorsqu'il affirme en thèse générale qu'elle ne constitue pas une faculté particulière; il est dans le vrai encore, lorsqu'il soutient que le philosophe de Glascow, en s'en prenant au prétendu système des idées représentatives, a lutté contre un fantôme; et que sa théorie est impuissante contre le scepticisme de Hume et l'idéalisme de Berkeley.

Dans cette polémique entre Reid et Brown, W. Hamilton n'a pas manqué de prendre parti contre celui qu'il semblait avoir pris à tâche de combattre en tout. Dans un écrit intitulé *Philosophie de la perception,* il attaque tour à tour ces deux philosophes ; mais c'est surtout contre le dernier qu'il dirige tous les efforts de sa dialectique et de son érudition. Quel que soit d'ailleurs le mérite de la *Théorie de la perception,* toujours est-il que l'auteur n'est parvenu à convaincre Brown d'aucune erreur, ni à rien substituer à sa doctrine ; il lui rend, au contraire, un hommage indirecte, en lui empruntant ses arguments contre la conscience, considérée comme faculté distincte, et en confirmant une vérité dont l'oubli n'a jeté que trop de confusion dans les études psychologiques.

En outre, il reste établi que, dans sa polémique contre Reid, Brown a l'avantage sur tous les points : il est prouvé maintenant que Reid n'a point réfuté la théorie des idées *représentatives*, qui n'existait déjà plus à l'époque où il écrivait ; et l'eût-il réfutée, le scepticisme et l'idéalisme n'en devenaient que plus forts ; et par conséquent il ne nous a donné aucune preuve démonstrative de l'existence du monde extérieur.

Sans doute, Brown n'a lui-même rien ajouté aux motifs de la croyance humaine sur ce sujet ; et eût-il essayé de le faire, qu'il se fût attiré de justes reproches ; car il n'est pas philosophique de prétendre légitimer ou réfuter la croyance au non-moi matériel, le cercle vicieux étant de part et d'autre inévitable. Brown avait trop de bon sens pour tomber dans un pareil travers. Il n'a pas essayé de justifier la foi au monde matériel, ni l'intuition qui la fait naître dans l'esprit. Il n'a voulu faire que ce qu'il est permis au philosophe de tenter; il a voulu constater et décrire les circonstances qui provoquent l'intuition. Il s'est demandé si la notion de la matière se révèle d'abord tout entière à la pensée, ou si les éléments qui la composent ne sont connus que successivement. Nous avons vu que, d'après lui, l'idée de résistance s'acquiert la première, et qu'en la rapportant au système musculaire, il a profité avec bonheur des ingénieux aperçus de Destutt de Tracy; nous avons vu que l'idée d'étendue, d'après lui, succède à la conception de la durée, ou plutôt que celle-ci se transforme en celle-là. Peut-être qu'en risquant cette explication, Brown avait en vue la pensée que Condillac a laissé tomber de sa plume : « qu'une succession de sensations donne l'idée d'étendue (1). » Nous avons fait à cette hypothèse une objection qui nous paraît irréfragable. Quant à l'origine qu'il assigne à l'idée de résistance, peut-être aurions-nous

---

(1) Condillac, *Art de penser*, p. 122; édit. de Londres.

pu demander à l'auteur s'il ne faut pas déjà savoir que l'esprit est uni à un système d'organes musculaires avant de profiter des leçons dont il peut être l'occasion? De sorte que si cette objection a quelque chose de plausible, il s'ensuit que peut-être le problème est insoluble. Toutefois la question, prise à ce point de vue, n'est pas désavouée de la logique; et fût-elle insoluble sous tous les rapports, c'est un mérite à Brown d'avoir essayé de surmonter un obstacle insurmontable, et surtout de l'avoir fait avec un si rare talent d'analyse et un sens si ferme de la réalité.

SECTION DEUXIÈME

ÉTATS INTERNES DE L'ESPRIT

CHAPITRE PREMIER

ÉTATS INTELLECTUELS DE L'ESPRIT

Brown entend par *états internes* toutes les manières d'être de l'esprit qui ont leur principe dans l'activité spontanée du sujet pensant.

Il les divise en deux ordres : 1º en *états intellectuels;* 2º en *émotions.*

Les états intellectuels se subdivisent à leur tour en deux genres : 1º en phénomènes de *suggestion simple;* 2º en phénomènes de *suggestion relative.*

La *suggestion simple* est la tendance particulière de l'esprit à se représenter, en l'absence de toute cause occasionnelle extérieure, les objets du monde soit matériel, soit immatériel. Son produit est la conception.

La *suggestion relative* est la propriété que possède l'esprit, deux ou plusieurs idées lui étant présentes, de saisir entre elles des ressemblances ou des différences. Son produit est la perception des rapports (1).

Conceptions et jugements, voilà les *états* de l'entendement pur; *suggestion simple* et *suggestion relative,* voilà les deux modes de l'activité intellectuelle.

Au moyen de ces deux opérations, Brown prétend expliquer tous les faits de l'esprit : il croit éviter ainsi les deux reproches opposés qu'il adresse à Condillac et à Reid : au premier d'avoir, par un trop grand amour de la simplicité, ramené tout à un seul principe; au second,

(1) Leç. 33.

d'avoir, par un abus de l'analyse, multiplié indéfiniment le nombre des facultés de l'âme.

ARTICLE PREMIER

I. — *Lois de la suggestion simple.*

L'auteur étudie d'abord les lois de cette fonction de l'esprit humain, puis il démontre qu'elle suffit pour rendre compte de tous les phénomènes faussement attribués à plusieurs facultés distinctes, telles que la conception, la mémoire, l'imagination et l'habitude.

C'est un fait attesté par la conscience que les idées se renouvèlent dans l'esprit indépendamment de toute perception des objets qui les ont fait naître d'abord.

C'est un fait aussi que ces idées ne se succèdent point au hasard, mais qu'elles suivent un ordre régulier et constant.

La suggestion simple est donc soumise à certaines lois qu'il importe de connaître.

Brown en reconnaît deux espèces : 1° les *lois primaires*; 2° les *lois secondaires* (1).

De tout temps les philosophes ont recherché les circonstances générales de la succession régulière des idées dans l'esprit humain.

(1) Leç. 35.

D'après Aristote, la ressemblance, l'opposition et la contiguïté sont les trois principes généraux qui président à l'exercice de la mémoire.

Hume ramène à trois les différentes lois de l'association des idées : la ressemblance, la contiguïté dans le temps et dans l'espace, et la causation.

Cette classification de Hume fixe seule l'attention de Brown, qui l'attaque comme redondante. « La causation, dit-il, loin d'être opposée à la contiguïté de manière à constituer un principe distinct, n'est, au contraire, qu'une espèce de proximité dans le temps, et souvent aussi de contiguïté dans l'espace, la plus parfaite qu'on puisse imaginer; car ne tenant à aucune circonstance accidentelle et changeante, elle dépend uniquement de l'existence de deux objets liés entre eux par le rapport de la cause à l'effet, rapport fixe et invariable (1). »

Les trois principes de Hume se ramènent donc à deux; on pourrait même, ajoute Brown, les réduire à un seul; car, « si l'on pousse un peu loin l'analyse, dit-il, on trouvera que toute suggestion dépend d'une coexistence antérieure, ou du moins d'une proximité telle qu'elle pourrait bien n'être qu'une sorte de coexistence (2). »

Mais, quoique l'analyse puisse ramener toutes

(1) Leç. 35.
(2) *Ibid*.

les lois particulières de l'association des idées à une loi générale qui les comprenne toutes, savoir : la proximité ou la coexistence antérieure, cependant, pour étudier ce principe avec plus de fruit, Brown adopte les trois subdivisions suivantes : 1º la ressemblance, 2º le contraste, 3º la proximité antérieure dans le temps et dans l'espace.

Telles sont les lois générales qui président à la succession de nos idées; mais elles ne sont point les seules; elles subissent l'influence de principes particuliers qui modifient leur action et que l'auteur appelle lois *secondaires*. « Si, en vertu de certains rapports, les idées succèdent aux idées; si la vue d'un portrait, par exemple, peut nous rappeler la personne à laquelle il ressemble, l'artiste qui l'a fait, l'ami qui nous l'a donné, l'endroit où il était auparavant suspendu, la collection de peintures dont il faisait alors partie, et une infinité d'autres circonstances accidentelles, comment se fait-il que ce portrait nous suggère tantôt un objet, tantôt un autre, et celui-ci de préférence à celui-là? Cette diversité frappante dans nos suggestions suffit assurément pour nous convaincre que les principes généraux d'association ne sont point les seuls; car alors la suggestion opérerait d'une manière uniforme. Outre les lois que nous avons appelées *primaires,* il en existe donc d'autres qui déterminent et modifient leur action, et que nous pouvons comprendre sous la dénomination de *lois secondaires de suggestion* (1).

Ces lois *secondaires*, au nombre de neuf, sont ainsi caractérisées par l'auteur :

1º « Toutes circonstances égales d'ailleurs, une suggestion a lieu plutôt qu'une autre, selon le plus ou moins de temps qu'a duré dans l'esprit l'association primitive des idées.

2º « La suggestion dépend aussi de la vivacité plus ou moins grande qu'ont eue les sentiments lors de leur coexistence ou de leur succession première.

3º « Les idées naissent à la suite les unes des autres avec d'autant plus de facilité, que cette succession s'est plus souvent renouvelée. C'est ainsi qu'une lecture répétée grave dans l'esprit des vers que nous n'aurions pas retenus en ne les lisant qu'une fois.

4º et 5º « La nature d'une association renouvelée dépend du souvenir plus ou moins récent de l'association primitive, et du nombre plus ou moins grand d'éléments étrangers qui se sont mêlés à celle-ci.

« 6º Ce qui contribue surtout à modifier l'influence des lois *primaires*, ce sont les différences constitutionnelles qui distinguent un indi-

---

(1) Leç. 37.

vidu d'un autre, et qui, s'étendant sur le cours entier de la vie, donnent à l'activité intellectuelle une direction particulière. Telles sont les différences de génie, de caractère ou d'humeur, causes naturelles et persistantes de l'infinie variété qui éclate dans les manifestations de la pensée.

« 7° Outre ces inégalités, fondées sur la nature même, il en est d'autres qui ont leur principe dans les circonstances accidentelles, dont l'influence se manifeste dans les changements soudains qui s'opèrent en nous, et qui, d'un moment à l'autre, font succéder la tristesse à la joie et la crainte à l'espérance.

« 8° L'influence du physique sur le moral n'est pas moins puissante.

« 9° Enfin la suite de nos idées est constamment modifiée par l'*habitude :* le même objet vu pour la première fois par plusieurs individus de différentes professions leur suggère des idées différentes ; car à chacun d'eux il rappelle les objets qui lui sont le plus familiers (1). »

Telles sont, d'après Brown, les lois particulières qui modifient les lois générales et primitives de la suggestion. Il est loin de prétendre que ces lois *secondaires* soient irréductibles ; car la ré-

(1) Leç. 37 à 40.

flexion la plus légère suffit pour en faire rentrer un grand nombre les unes dans les autres; mais il a préféré traiter la question sous ces différents chefs afin de la considérer à tous les points de vue, et de ne laisser échapper aucun détail. Cette partie de l'ouvrage contient d'ailleurs un grand nombre d'aperçus nouveaux, et place l'auteur à un rang distingué parmi les observateurs moralistes. En ce qui regarde la suggestion simple, nous devons faire deux remarques que Brown regarde comme étant d'une haute importance.

« La première, c'est que, quand nous nous servons des expressions « suite des idées, » nous ne devons point nous figurer que celles-ci ne fassent leur apparition sur le théâtre de la conscience que pour s'évanouir aussitôt, semblables aux images qui se reflètent sur la surface d'un miroir. Au contraire, la conception qui en évoque une autre peut souvent coexister avec celle-ci, et même avec celles qui peuvent succéder à cette dernière et former avec elles toutes un groupe d'images plus ou moins nombreuses. La seconde chose importante à constater, c'est que nous ne savons absolument rien touchant la succession de nos pensées, sinon qu'elles se précèdent et se suivent d'après certaines lois; nous ne devons donc point supposer que nous fassions connaître la nature de ce phénomène, lorsque nous disons que ces idées, avant de s'enchaîner dans l'esprit, tiennent ensemble par les liens de l'*association* (1). »

Puisque ce dernier mot se présente ici de nouveau, nous relèverons une seconde fois l'erreur émise d'abord par sir James Makinstoh, consacrée depuis par son élégant traducteur, M. Poret, et maintenant accréditée sur la foi du célèbre fondateur de l'Éclectisme; nous voulons parler de la prétendue théorie de l'association dont Brown se serait servi pour résoudre les problèmes les plus importants de la métaphysique et de la morale.

Il est si peu vrai que Brown ait eu recours à la théorie de l'*association*, qu'il n'en veut pas même entendre parler. Il rejette absolument et le mot et la chose; et qui plus est, il la considère comme la source des plus grandes erreurs en philosophie. Selon lui, le mot association, tel qu'on l'entend, suppose « un procédé quelconque » antérieur à la succession primitive des actes de l'esprit; ce qui implique une absurdité, car cela équivaut à dire que les idées sont *associées* avant de l'avoir jamais été; la même expression, en l'interprétant d'une manière plus favorable, lui paraît d'ailleurs n'avoir qu'un sens trop res-

---

(1) Leç. 50.

treint; car l'*association* n'est point particulière à nos idées; mais elle s'étend aussi à nos jugements, à nos émotions, et à nos sentiments de toute espèce. Enfin l'association, prise au sens vulgaire, lui semble avoir été le principe d'un grand nombre d'erreurs; car, comme elle ne peut rendre compte de plusieurs phénomènes intellectuels, pour expliquer ces derniers, on a été obligé, dit-il, d'avoir recours à plusieurs facultés qui n'ont d'existence que dans le dictionnaire des philosophes.

Voilà pourquoi il rejette constamment la phrase *association des idées*, et pourquoi il la remplace toujours par les termes de *suggestion relative*, fonction de l'esprit qui lui paraît suffire à la production de tous les phénomènes faussement rapportés à un certain nombre de facultés imaginaires inventées par les philosophes pour rendre compte de ce que l'*association des idées* ne pouvait expliquer.

II. — *Des prétendues facultés auxquelles on a faussement rapporté les phénomènes de la suggestion simple.*

Nous savons ce que Brown entend par suggestion simple. C'est la tendance de l'esprit à passer d'une perception ou d'une conception quelconque à toute autre perception ou conception, en vertu de sa propre énergie, et en l'absence de tout objet extérieur.

Cette tendance ne suppose aucun procédé antérieur d'*association*. Elle suffit pour rendre compte d'un grand nombre de phénomènes faussement rapportés à plusieurs facultés différentes.

Les facultés que Brown ramène à la *suggestion simple* sont la conception, la mémoire, l'imagination et l'habitude.

« Les termes conception et suggestion ne désignent pas deux facultés distinctes, mais une seule tendance générale de l'esprit à laquelle on peut donner l'un ou l'autre de ces deux noms, et même celui d'*association*, si on le juge plus convenable. Quelle que soit la dénomination qu'on adopte, la réalité dont elle sera le signe restera toujours la même, savoir : le principe en vertu duquel certains phénomènes se succèdent dans l'esprit. La conception n'est qu'un cas particulier de la suggestion ; entre elles il n'y a point d'autre différence que celle qui existe entre la faculté de prononcer un mot et celle de prononcer des phrases entières. Qu'on donne au principe dont il s'agit le nom qu'on voudra, conception, association ou suggestion, il ne pourra jamais être question d'autre chose que de cette simple tendance de l'esprit à exister dans un certain état après avoir existé dans un autre. La seule différence qu'il puisse y avoir quand on fait usage de l'un ou de l'autre de ces trois mots, c'est qu'en nous servant du mot conception, nous avons surtout en vue la relation de cet état de l'esprit à quelque objet extérieur perçu antérieurement, tandis que, par les mots *suggestion* ou *association*, nous avons surtout en vue les rapports qui existent entre les phénomènes successifs, considérés directement comme antécédents et comme conséquents (1). »

La conception ne constitue donc pas une faculté distincte. Il en est de même de la mémoire. Le souvenir, selon Brown, n'est qu'un phénomène complexe dont les éléments ont leur principe, les uns dans la suggestion simple, les autres dans la suggestion relative. « Un acte de mémoire n'est pas un état simple de l'esprit, mais un phénomène complexe; pour réduire le souvenir à la simple conception, il ne faut que séparer une partie de sa complexité, celle qui consiste dans le sentiment d'un rapport d'antériorité. » — « Le phénomène que la mémoire reproduit en nous, ne serait qu'une conception simple, si, d'une manière ou d'une autre, il ne nous arrivait de le considérer relativement à un phénomène semblable qui a eu lieu en nous dans un passé plus ou moins éloigné. Il ne devient

1) *Physiology*, p. 234.

véritablement un souvenir pour nous que lorsque la notion de temps vient s'y joindre. » — « La conception, qui forme l'un des éléments du souvenir, est due à la suggestion simple ; le sentiment du rapport d'antériorité, qui en constitue le second élément, doit se rapporter à la *suggestion relative*, dont nous exposerons plus loin la théorie (1). »

Il y a dans le souvenir des éléments que Brown paraît oublier ; car, outre le rapport de temps, il contient aussi un rapport d'identité ou de ressemblance. Ceci n'avait pas échappé à Destutt de Tracy, dont Brown emprunte ici la doctrine, peut-être sans le savoir.

« On demande, dit le philosophe français, s'il est de l'essence de la mémoire que, quand nous sentons un souvenir, nous sentions qu'il est la représentation d'une impression passée, c'est-à-dire, que nous sachions toujours que c'est un souvenir. Je réponds que non ; car il m'arrive souvent d'avoir une idée que je crois nouvelle pour moi, et, le moment d'après, je trouve que depuis longtemps je l'ai écrite quelque part : preuve sans réplique que je puis avoir un souvenir sans avoir en même temps la conscience que c'est un souvenir. C'est là une preuve de fait bien suffisante, car elle est péremptoire ; cependant

---

(1) Leç. 41.

on peut encore y ajouter une preuve de raisonnement. En effet, sentir une impression actuelle à l'occasion d'une impression passée, c'est là le propre de la mémoire. Mais ensuite reconnaître que cette impression actuelle est une représentation de l'impression passée, en est le souvenir, c'est sentir un rapport d'identité ou de ressemblance entre ces deux impressions. Or sentir un rapport est un acte de jugement (1). »

La mémoire se décompose donc en deux éléments : une conception et un jugement. D'ailleurs, s'il faut rapporter le souvenir à une faculté spéciale, pourquoi n'en avoir pas imaginé une aussi à laquelle on pût rapporter la prévoyance, qui a tant d'analogie avec le souvenir, puisque, comme lui, elle renferme dans sa complexité un rapport de temps. C'est ce que l'on a fait, dira-t-on peut-être, en la rapportant à l'imagination. Mais celle-ci, à son tour, doit-elle être rangée au nombre des facultés proprement dites? Brown prétend que non.

Les créations les plus brillantes de l'imagination ne sont, selon lui, que les produits de la suggestion simple et de la suggestion relative opérant conjointement sous l'influence et la direction d'un désir.

Destutt de Tracy, *Idéologie*, ch. 3.

« Ces trois éléments simples, dit-il, sont les seuls qu'on puisse trouver dans l'analyse de toutes les opérations attribuées à la fantaisie : pour s'en convaincre, il suffit d'interroger sa conscience. Une conception particulière, rendue plus vive et prolongée par un désir qui l'accompagne; des idées qui succèdent à des idées; des jugements sur les rapports de convenance ou de disconvenance qui peuvent exister entre l'objet primitivement conçu et les objets qui viennent se grouper autour de lui : voilà ce que l'observation constate dans les procédés de cette faculté prétendue. Les créations qu'on lui attribue se réduisent aux résultats ordinaires de la suggestion provoquée par un désir préexistant. La volonté ne peut commander à une seule image de naître dans notre esprit; car cela passe notre pouvoir. La volonté ne peut non plus commander aux images qui ne conviennent pas à notre plan de disparaître de notre esprit; car un tel effort ne ferait qu'augmenter leur vivacité et prolonger leur durée. Mais les images qui nous paraissent convenir à notre dessein restent présentes à la pensée, en raison de l'intérêt que cette convenance leur donne, et du désir que nous avons de les contempler sous tous leurs aspects. De leur côté, les images qui n'ont aucun rapport avec l'objet qui nous occupe s'effacent bientôt de notre esprit ; parce qu'aussitôt que nous avons reconnu leur impropriété, nous cessons de rechercher les caractères qui les distinguent (1). »

Enfin une quatrième et dernière classe de phénomènes que Reid rapporte à un principe originel de notre constitution, mais que Brown explique par les lois de la suggestion, ce sont les phénomènes de l'habitude.

« Il est vrai, dit-il, que, si, comme on le prétend ordinairement, le procédé de la suggestion se borne aux idées seulement, et qu'il ne soit pas applicable aux volitions et aux désirs, on a eu raison de recourir à un autre principe pour rendre compte de l'habitude; mais si on ne fait pas cette restriction, que dans la réalité on n'a pas le droit de faire, on verra que la formation de nos habitudes devient aussi peu mystérieuse que la production de tout autre phénomène. »

« L'affection qui précède tout acte volontaire, le désir, comme nous l'appelons, est un état simple de l'esprit, aussi bien que nos perceptions ou nos conceptions. Il peut *coexister*, au sens métaphysique du mot, avec la perception ou la conception de divers objets, exactement comme une perception ou une conception coexiste avec une autre; et par conséquent, il peut être, de la même

(1) *Physiology*, p. 250, 251.

manière, rappelé par l'affection avec laquelle il a existé auparavant. C'est la facilité avec laquelle cette coexistence se renouvelle qui constitue l'habitude (1). »

L'explication de Brown nous paraît simple, juste et féconde; l'habitude en effet ne peut impliquer que deux choses : une tendance plus forte à agir et une aptitude plus grande à exécuter; car, dans tout acte intérieur ou extérieur, il n'y a jamais que deux faits successifs réagissant l'un sur l'autre : une conception et un désir; or, après une première coexistence, la succession devient plus facile, le concours plus puissant; et cette facilité est le fait ultérieur au delà duquel il est impossible de remonter. Que dans la morale on étudie tant qu'on voudra les lois de la perfectibilité ou de la dépravation humaine, que dans la théorie des passions on cherche à rendre compte de ce qu'on appelle la *loi des obstacles,* ou bien qu'on explore les causes profondes qui font que la sensibilité s'émousse pour le plaisir comme pour la douleur; que dans ces recherches on pousse l'analyse aussi avant que possible, on sera toujours obligé de s'arrêter devant deux faits qu'on pourra bien constater et décrire, mais qu'on n'expliquera pas : une idée et une volition

(1) *Physiology*, p. 251.

unissant d'abord, puis confondant leur action, et bientôt acquérant une force capable de faire obstacle à la liberté elle-même. Observer la succession primitive de ces deux éléments, suivre le progrès de leur union jusqu'au moment où, l'habitude une fois formée, elle devient, pour ainsi dire, indissoluble : voilà tout ce que nous pouvons connaître. Prétendre en savoir davantage, c'est chercher à pénétrer le mystère des fonctions de la mémoire, du sentiment, de l'identité mentale, de la conscience, du moi, enfin le mystère de l'existence.

Si, en combattant l'opinion de Reid, qui fait de l'habitude une faculté spéciale, Brown se fût aperçu que les lois de la mémoire sont précisément celles qui gouvernent l'habitude, en réduisant celle-ci à la suggestion simple, il n'eût point manqué de voir que, sous une dénomination nouvelle, il ne faisait au fond que traiter la question des lois du souvenir, et, sans aller chercher si loin un nom, heureusement trouvé sans doute, mais non consacré par l'usage, il eût probablement donné à cette partie de son ouvrage non point le titre de *Suggestion simple*, mais celui de Théorie de la mémoire.

Mais, même sous ce titre, sa théorie n'eût pas été irréprochable; car nous aurions toujours eu le droit de lui demander si les phénomènes qu'il classe à part sont réellement distincts, et si, en oubliant, par exemple, que la mémoire est nécessaire à l'exercice du jugement, et que celui-ci est la condition *sine qua non* de toute notion, il ne s'est pas au fond contenté d'une distinction en grande partie verbale.

ARTICLE DEUXIÈME

I. — *Lois de la suggestion relative.*

La présence de deux ou de plusieurs objets conçus ou perçus en même temps fait naître dans l'esprit de nouvelles manières d'être que Brown désigne sous le titre de *sentiments de relation*. Ils constituent, d'après lui, le second ordre de nos *états intellectuels;* et il appelle *suggestion relative* l'opération à laquelle il les rapporte, entendant par là à peu près ce qu'on entend par les mots comparaison ou jugement.

Les rapports des objets entre eux sont innombrables, il est vrai, mais on peut les réduire en genres et en espèces. Brown les range tous en deux grandes classes : 1° en relation de coexistence ; 2° en relation de succession, selon qu'ils renferment ou non la notion de temps.

Ces deux genres de relation se subdivisent l'un et l'autre en plusieurs espèces ; le premier en relations, 1° de *position*, 2° de *ressemblance* ou de *différence*, 3° de *proportion*, 4° de *degré*, 5° de *compréhension*; le second en relations, 1° de *succession accidentelle*, 2° de *succession invariable* (1).

Tels sont les rapports que les objets soutiennent entre eux dans la réalité; un regard jeté au hasard sur la nature peut en faire naître tour à tour le sentiment dans l'esprit : la vue de montagnes éloignées nous suggère, par leur position respective, l'idée de leurs rapports dans l'espace; par leur masse et leur élévation, l'idée de ressemblance et de degré; les arbres qui s'élèvent sur leurs sommets nous montrent les proportions des rameaux aux branches, des branches aux troncs; les troupeaux qui paissent dans un enclos, le rapport du contenant au contenu. Ce sont là des relations de coexistence; elles excluent toute idée de temps. Mais il en est d'autres d'une plus haute importance, parce que, outre l'idée de temps, elles en impliquent une autre qui est le grand mobile de la curiosité des hommes et la règle de leur activité, savoir : l'idée de puissance ou de causation. Les changements qui se succèdent en nous-mêmes ou dans le monde extérieur sont les effets du hasard ou les résultats d'un ordre

(1) Leç. 45.

établi sur des lois constantes. Ces rapports entre les antécédents et les conséquents sont des relations de *succession;* les premières renferment l'idée de temps; les secondes renferment, en outre, la notion de causalité.

La réflexion la plus légère suffit pour voir que plusieurs de ces subdivisions rentrent les unes dans les autres, et Brown lui-même ne l'ignore pas. « Je sais, dit-il, qu'en poussant un peu loin l'analyse, on pourrait en réduire quelques-unes les unes aux autres; qu'on pourrait, par exemple, faire rentrer les deux espèces désignées par les mots proportion et degré dans celle que j'appelle compréhension ou relation d'un tout aux parties qu'il renferme; mais je sais aussi que cela ne pourrait se faire sans effort, et, dans quelques cas même, sans recourir à des raisonnements très-subtils. Je préfère donc m'en tenir à la division que je viens de faire, les membres m'en paraissant assez distincts pour atteindre le but de toute classification (1). »

Quoi qu'en dise Brown, nous ne croyons pas que la réduction dont il s'agit soit indifférente, ni surtout que, pour l'opérer, il soit nécessaire de recourir à des subtilités. Un arrangement scientifique rejette tout ce qui est inutile. La redondance

---

(1) Leç. 45.

y porterait la gêne et la confusion. Toute réduction possible devient par là même nécessaire et doit être faite, coûtât-elle les plus grands efforts.

Essayons donc de substituer à cette classification des rapports une division qui, reposant sur des principes pris dans la nature même des choses, puisse échapper d'ailleurs à toute objection.

Il nous semble d'abord que l'auteur laisse dans l'ombre une classe de rapports de la plus haute importance et qu'il est impossible de méconnaître : Nous voulons parler de la relation des phénomènes au sujet des qualités ou à la substance. Cette relation, jointe à celle de causalité, embrasse, selon nous, tous les rapports possibles. Relations du mode à la substance et relations de la cause à l'effet, telle est la division générale que nous voudrions substituer à celle de Brown; elle nous paraît vraie, car, au point de vue du concret, il n'y a dans la nature que des substances, et des substances diversement modifiées ou des séries de causes et d'effets. Telle est la *matière* des deux principes générateurs de tous les rapports. L'un et l'autre ont une *forme* unique et commune, à savoir : la relation du contenant au contenu; car, au point de vue de l'abstrait et relativement à la forme que la conception des rapports revêt dans l'intelligence, on peut réduire toutes les relations à un type universel, qui nous paraît être le rapport du tout aux parties, ou du contenant au contenu. Cette assertion, nous pourrions la justifier en nous appuyant sur un principe posé par Brown même : d'après lui, la *suggestion relative* n'est rien autre chose que la faculté de juger; or un jugement s'exprime par une proposition, et il n'y a que deux sortes de propositions possibles : ou bien c'est une définition, ou bien une proposition proprement dite. Dans le premier cas, on n'a qu'une seule idée sous des termes différents, dans le second nous avons bien deux idées, mais l'une faisant partie de l'autre, de sorte que le terme qui, dans toute proposition, unit l'attribut au sujet, peut se représenter par l'un des trois signes algébriques $=$, $+$ ou $-$. Ces deux derniers n'exprimant qu'un seul et même rapport sous un point de vue différent, tout se réduit à deux relations, l'une d'égalité ou plutôt d'identité, l'autre de supériorité. Mais ces deux rapports ne sont-ils pas identiques à ceux d'un tout à un autre tout qui lui est égal, et à ceux d'un tout à une partie des éléments qu'il renferme? Une proposition, un jugement, ou, pour parler comme Brown, un acte de suggestion relative se réduit donc à la perception d'un rapport du contenant au contenu.

La réduction n'offrait donc pas les difficultés devant lesquelles Brown a semblé reculer; elle était au contraire très-facile, puisque nous venons de *voir* les rapports de toute dénomination rentrer naturellement dans celui du contenant au contenu : non-seulement les rapports de *proportion* et de *degré,* mais tous en général, et les rapports de *coexistence* aussi bien que ceux de *succession;* car, pour n'omettre aucune des autres relations énumérées par Brown, qu'est-ce qu'une relation de *ressemblance,* de *position,* de *succession fortuite* et *succession invariable?* Dire qu'une chose ressemble à une autre, n'est-ce pas dire que dans l'idée de la première se trouve tout ce qui est contenu dans l'idée de la seconde? Placer un corps dans l'espace et un événement dans le temps, n'est-ce pas les grouper autour de certains points fixes, dans un milieu déterminé et dans des limites circonscrites par la pensée? Observer un phénomène de causation, n'est-ce pas voir la cause dans l'effet, et l'effet dans la cause? Et qu'on n'objecte pas ici que la force causatrice ne s'épuise pas dans un exercice déterminé de sa puissance; une pareille objection nous jette hors de la question : une cause qui n'agit point n'est plus une cause; une cause, c'est l'effet se produisant, et un effet la cause se manifestant.

Au point de vue du subjectif et de l'abstrait,

toute relation, sous quelque dénomination qu'on la désigne, se résout donc dans un rapport d'un tout à un autre tout, ou d'un tout à ses parties, et plus simplement dans un rapport du contenant au contenu.

Tels sont les reproches que nous adressons à Brown.

Toutefois, pour être juste envers lui, il faut dire qu'en plusieurs endroits il a soupçonné la nécessité de quelques-unes des réductions que nous venons d'essayer. Il les indique même quelquefois, mais ce ne sont que des observations isolées; et la critique la plus indulgente ne pourrait s'en autoriser à conclure que l'auteur, en jetant au hasard ces vérités, en ait senti toute l'importance.

Nous maintiendrons donc ce que nous avons déjà dit; la classification et la nomenclature essayées par Brown sont défectueuses; sa théorie des rapports est tout à fait manquée. La question de la matière et de la forme de toute relation en général n'est pas même indiquée; aussi n'est-il arrivé à aucun de ces principes généraux qui embrassent tous les cas particuliers; il n'a pas vu que les rapports du mode à la substance, de la cause à l'effet, et enfin du contenant et au contenu renferment toute la théorie des relations considérées soit dans les objets, soit dans l'esprit humain.

Mais si l'ensemble de la doctrine laisse à désirer, hâtons-nous de dire que tous les détails témoignent d'une sagacité pénétrante et d'une profondeur peu commune.

II. — *Réduction de certaines facultés prétendues à la suggestion relative.*

Cette faculté de saisir les rapports, à laquelle les philosophes ont donné tant de noms différents, est, suivant Brown, primitive et indécomposable; et de même qu'il a montré que la conception, la mémoire, l'imagination et l'habitude ne sont que des fonctions de la *suggestion simple,* de même il fait rentrer dans la *suggestion relative* le jugement, le raisonnement et l'abstraction.

Qu'est-ce en effet que le jugement? rien autre chose que le sentiment de rapport qui suit la perception ou la conception de deux ou de plusieurs objets extérieurs, ou bien de deux ou de plusieurs affections de l'âme.

Qu'est-ce à son tour que le raisonnement? une suite de jugements consécutifs, et par conséquent une série plus ou moins longue de *suggestions relatives.* C'est donc à tort qu'on a essayé de faire du jugement et du raisonnement deux facultés particulières.

L'abstraction doit être également retranchée de

la liste des pouvoirs intellectuels. « Cette prétendue faculté, dit-il, telle qu'elle a été décrite par les philosophes, non-seulement n'existe pas, mais ne peut pas même exister; parce que les fonctions qu'on lui attribue impliquent contradiction (1).

En effet, de deux choses l'une : l'esprit, dans l'abstraction, subit ou non l'influence directe de la volonté; la première supposition ne s'appuie que sur un paralogisme; elle pose en fait ce qui est en question; l'acte de l'esprit, par lequel une idée se sépare d'une autre, précède toujours et nécessairement l'action supposée de la volonté. En un mot, on abstrait avant de vouloir abstraire. Quand la volonté intervient, l'abstraction a déjà eu lieu, l'influence de la volonté ne peut donc s'exercer sur rien de fixe et de déterminé, et ne peut être qu'indirecte. L'analyse sans doute a le privilége de décomposer une idée complexe, d'en séparer les éléments, en un mot, d'abstraire; mais en cela elle n'obéit qu'à certaines lois constitutives de l'entendement, lois générales qui ne constituent pas une faculté spéciale, mais qui sont identiques à celles qui président à la perception des rapports.

« Dans le fait, les idées abstraites, qu'on re-

(1) Leç, 51, *p.* 335.

garde comme les produits d'une faculté particulière, ne sont autre chose que des sentiments de rapports de ressemblance, du moins ne forment-elles qu'une partie du procédé de la *suggestion relative*. Nous percevons deux objets : une pierre, par exemple, et un arbre; si nous cherchons à les comprimer, nous éprouvons en nous une double sensation, une sensation de résistance. A cette propriété commune de nous affecter de la même manière nous donnons le nom de dureté, et c'est ce rapport de ressemblance senti par nous qui, rapporté à des objets semblables, se convertit en une abstraction de l'esprit. Si nous sommes capables de sentir les ressemblances, l'abstraction est sûrement déjà achevée, et par conséquent n'a pas besoin, pour avoir lieu, de l'intervention d'une autre faculté (1). »

Sans doute on accorde à Brown que l'abstraction n'est qu'un mode de la *suggestion relative;* mais s'il n'était tombé dans une erreur à laquelle nous avons déjà fait allusion, s'il n'avait pas oublié que toute notion renferme nécessairement un jugement, ce n'est point dans la *suggestion relative* qu'il eût fait rentrer l'abstraction, mais dans la *suggestion simple;* c'est à la conception ou même à la perception qu'il l'eût identifiée.

(1) Leç. 51.

Qu'est-ce en effet que l'abstraction? n'est-elle pas la condition *sine qua non* de toute conception? n'en est-elle pas la forme même? Les philosophes, il est vrai, ont coutume de ne considérer comme abstraites que certaines idées simples et très-souvent générales; mais la compréhension ou l'extension des idées changent-elles rien à leur mode de formation? Toute idée complexe ou non, générale ou particulière, n'est-elle pas nécessairement abstraite, même l'idée individuelle? car, pour que celle-ci se forme dans l'esprit, ne faut-il pas qu'elle soit séparée, abstraite de tout ce qui n'est pas elle? Nier cette abstraction, c'est refuser aux idées la possibilité de jamais naître dans l'entendement.

Nous n'avons pas à rechercher ici si Brown lui-même ne s'est point arrêté trop tôt dans la voie des réductions, et s'il n'a point fermé trop vite sa liste des facultés intellectuelles.

Nous devons faire remarquer seulement qu'en introduisant en Écosse une philosophie nouvelle pour ses compatriotes, il a réellement atteint le but qu'il s'était proposé, savoir : de montrer dans quelles erreurs étaient tombés ses prédécesseurs, en distinguant dans le langage ce qui est identique dans la réalité. Pour s'en convaincre, il suffit de se rappeler le catalogue des facultés intellectuelles adoptées par Reid et D. Stewart.

On sait que le premier semble s'être attaché à augmenter indéfiniment le nombre de nos facultés : la conscience, la sensation, la perception, la croyance, la mémoire, la conception, l'abstraction, le jugement, le raisonnement et le goût intellectuel sont, pour le philosophe de Glascow, autant de facultés distinctes.

D. Stewart, son disciple, en compte presque autant : voici la liste qu'il en donne dans ses *Esquisses* (1); encore n'énumère-t-il que les plus importantes : 1° La conscience, 2° la perception externe, 3° l'attention, 4° la conception, 5° l'abstraction, 6° l'association des idées, 7° la mémoire, 8° l'imagination, 9° le jugement et le raisonnement.

Il suffit d'un coup d'œil jeté sur ces deux catalogues pour voir que ces deux auteurs ne se sont inquiétés ni de l'ordre de génération ni même de l'existence des facultés qu'ils ont énumérées.

La classification de Brown, au contraire, échappe à la plupart des objections sous lesquelles succombent celles de ses deux prédécesseurs. En effet, il ne reconnaît que trois facultés distinctes : la sensation, la *suggestion simple* et la *suggestion relative*. On peut, comme nous l'avons déjà dit, reprocher à cette classification un vice capital,

---

(1) *Esquisses de philosophie morale*, p. 12.

celui d'oublier que la suggestion relative, qui n'est rien autre chose que le jugement, est la condition *sine qua non* de toute opération intellectuelle; mais ce défaut excepté, il n'est pas difficile de voir que la division de Brown est autrement scientifique que les simples énumérations de ses devanciers; et ce qui nous porte encore à la trouver de beaucoup préférable, c'est qu'elle a pour elle l'autorité d'un philosophe d'une sagacité et d'un jugement incontestables, de Destutt de Tracy.

Dire qu'elle a pour elle cette imposante autorité, c'est dire trop peu, car, à proprement parler, la théorie de Brown n'est rien autre chose que la théorie du philosophe français; entre elles il n'y a absolument de différence que dans les mots; pour s'en convaincre, il suffit de les mettre l'une à côté de l'autre.

De nos « idées ou perceptions, dit Destutt de Tracy, les unes sont des sensations proprement dites, les autres des souvenirs, d'autres des rapports que nous apercevons, d'autres enfin des désirs que nous éprouvons.

« La faculté de penser ou d'avoir des perceptions renferme donc les quatre facultés élémentaires appelées la *sensibilité* proprement dite, la *mémoire*, le *jugement* et la *volonté;* et si de l'examen de ces quatre facultés il résulte qu'elles suffisent à former toutes nos idées, il sera constant qu'il n'y a rien autre chose dans la faculté de penser (1). »

Si l'on compare cette classification à celle de Brown, on verra que l'une est parfaitement identique à l'autre ; car la sensation, la mémoire et le jugement sont au fond la même chose que la *sensation,* la *suggestion simple* et la *suggestion relative.* Nous avons vu, en effet, que sous la première de ces deux dernières dénominations Brown n'a réellement traité que de ce qui concerne la mémoire, et dans la seconde de ce qui appartient au jugement. Si l'on ajoute à cela qu'il range tout ce qui se rapporte à la volonté sous le titre général d'*émotions*, dénomination qu'il substitue au mot *désirs,* employé par Destutt de Tracy, il sera impossible d'imaginer une identité plus complète. Nous avons vu d'ailleurs que le philosophe écossais avait emprunté au disciple de Condillac un grand nombre de vérités de détail ; il est donc évident que les *Leçons sur la philosophie de l'esprit humain* ne sont rien autre chose qu'un commentaire et un développement des *Éléments d'idéologie.*

Quand on songe que précisément à l'époque où la philosophie française était combattue et décriée à Paris, elle était à Édimbourg professée, applau-

(1) *Idéologie;* extrait raisonné, ch. 1er.

die et regardée comme une nouveauté hardie et comme un pas immense fait dans la carrière des sciences métaphysiques, on a lieu de s'étonner du sort des systèmes philosophiques dont la vogue et le succès dépendent quelquefois d'un degré de latitude de plus ou de moins.

Tandis que trois philosophes français attachaient leurs noms à ceux de Reid et de D. Stewart, la gloire de Destutt de Tracy se partageait entre trois professeurs écossais; car, s'il faut en croire W. Hamilton, « Brown n'est pas le seul métaphysicien écossais qui se soit approprié, sans en mot dire, un grand nombre d'analyses psychologiques de l'école de Condillac. De Tracy, pour son compte, aurait bien souvent le droit de venir réclamer son propre bien auprès du Dr John Joung, professeur de philosophie au collége de Belfast, dont les doctrines, souvent identiques à celles de Brown, ne sont pas les fruits de cette merveilleuse originalité à laquelle il voudrait nous faire croire, à nous qui savons les sources où l'un et l'autre allaient puiser. Toutefois il ne faut pas oublier que les leçons de ces deux professeurs n'ont été publiées qu'après leur mort, et que, par conséquent, elles ne doivent pas être jugées avec la même sévérité que pourraient l'être des ouvrages soumis par les auteurs mêmes à la critique du public. Nous devons faire remarquer aussi que le Dr Joung était le disciple de feu M. le professeur Milne de Glascow, dont les théories philosophiques avaient, comme on le sait, la plus grande analogie avec celles de M. de Tracy. Je lis dans l'éloquent éloge de M. Mignet que ce philosophe si sagace était, aussi bien que Kant, écossais d'origine du clan de Stutt, (Stott) (1). »

Nous ne refuserons rien au patriotisme de sir W. Hamilton; nous lui accorderons pour compatriotes Destutt de Tracy, et même Kant; mais, puisqu'il laisse percer avec tant d'à-propos cette fine pointe d'orgueil national, nous ferons aussi une observation en passant, et nous dirons à l'honneur du caractère français que, pendant qu'en France d'illustres professeurs consacraient tout leur génie à propager les doctrines et la gloire des métaphysiciens étrangers, sans réclamer pour eux-mêmes la moindre part de l'esprit et du bon sens qu'ils leur prêtaient bien souvent, trois professeurs écossais introduisaient dans leur pays une partie de la philosophie française, et, quoique se bornant à la commenter, ne daignaient pas même citer les noms de ceux auxquels ils empruntaient et acceptaient pour eux-mêmes tous les honneurs de l'originalité.

Puisque W. Hamilton a soulevé une si déplo-

(1) *Reid's collected writings with Hamilton's notes and dissertations. Suppl. diss.*, p. 868.

rable question, nous devons dire ici la vérité tout entière. Nous ignorons ce qu'il en est de MM. Milne et John Joung; mais pour ce qui concerne Brown, nous regrettons d'être forcé d'avouer qu'en cherchant dans tous ses livres les noms des auteurs français auxquels il doit le plus, nous n'avons trouvé nulle part le nom de Destutt de Tracy, ni celui de Laromiguière, quoique nous ayons de fortes raisons de croire que les *leçons* de ce dernier lui étaient parfaitement connues (1).

Et non-seulement Brown ne cite pas ses autorités; mais il semble même assez souvent chercher à donner le change au lecteur. Nous pourrions en citer des exemples; mais pour faire connaître le procédé qu'il emploie, nous l'étudierons dans W. Hamilton, qui lui-même l'a pratiqué d'une manière assez ingénieuse, quoique avec moins de succès.

Nous n'aurons ici qu'à rappeler ce que nous avons déjà dit. On sait que la question de savoir si la conscience est une faculté proprement dite, a excité en Écosse des discussions très-vives; l'opinion de Brown triompha, et W. Hamilton lui-même finit par l'adopter. On doit savoir que, sur ce point, il prend à Brown son langage

(1) La théorie de la généralisation est la même dans Brown et Laromiguière. L'anglais de l'un paraît souvent n'être qu'une traduction du français de l'autre.

même, et que toute sa polémique contre la *philosophie de l'inconditionnel et de l'absolu* repose sur les principes qu'il lui emprunte. Mais W. Hamilton tient à honneur de ne rien devoir à son prédécesseur; il s'efforce donc de sauver les apparences et de faire croire qu'il avait puisé sa doctrine dans Aristote lui-même, en citant des passages grecs qu'il torture pour leur faire rendre ce qu'ils ne contiennent pas peut-être (1).

> Atque hos, ne qua forent pedibus vestigia rectis,
> Cauda in speluncam tractos, versisque viarum
> Indiciis raptos, saxo occultabat opaco.

Tel est le procédé de W. Hamilton; tel est aussi quelquefois celui de Brown : s'il développe une théorie de Condillac, il cite un passage de Voltaire; s'il emprunte une découverte à Destutt de Tracy, il fait la critique de quelque phrase de Condillac, qui paraît en contradiction avec ce qu'enseignait son disciple.

CHAPITRE DEUXIÈME

DES ÉMOTIONS

I. — *Classification des phénomènes affectifs.*

Les phénomènes affectifs forment, d'après Brown, la dernière classe des *états internes* de

(1) *Frag. de philos.*; trad. L. Peisse, p. 65-73.

l'âme ; il en traite sous la dénomination commune d'*émotions;* titre analogue à celui de Destutt de Tracy, qui emploie le mot *désirs;* et nouvelle preuve de ce que nous avons dit plus haut, que les divisions générales des deux philosophes sont à peu près identiques.

Les affections émotives diffèrent de tous les autres états de l'âme. « Elles diffèrent des *états externes*, dit Brown, en ce qu'elles ne sont pas la conséquence immédiate de la présence des objets extérieurs ; car elles n'en proviennent jamais directement, et, lors même qu'elles se produisent à leur occasion, elles naissent toujours à la suite des modifications internes qu'on appelle ordinairement sensations ou perceptions. Elles diffèrent, en outre, des suggestions simples ou relatives de la mémoire ou du jugement par un caractère qui leur est propre, c'est-à-dire par cette vivacité particulière que tout le monde comprend, mais dont il est impossible de donner une définition verbale, tout aussi impossible que de définir l'amer ou le doux, un son ou une odeur autrement que par une description des circonstances dans lesquelles ces sensations se produisent (1). »

Voilà les émotions distinguées de tout ce qui

---

(1) Leç. 52.

pourrait se confondre avec elles. Sous quel point de vue l'auteur va-t-il maintenant les examiner? Les considèrera-t-il dans leurs principes élémentaires, c'est-à-dire dans leur état simple et telles qu'elles existent comme phénomènes subjectifs? ou bien les considèrera-t-il dans les formes complexes sous lesquelles elles ont l'habitude de se manifester, lorsqu'elles se combinent avec leurs objets différents?

L'intention de Brown est de les étudier, non dans leur état simple, mais dans leur état de complexité. « Si nous n'avions, dit-il, à parler que des passions élémentaires, nous pourrions les classer sous un très-petit nombre de chefs : la joie, la douleur, le désir, l'étonnement, le respect, le mépris, et les deux sentiments opposés que produit en nous le spectacle du crime ou de la vertu en complèteraient, je crois, la liste, ou à peu près du moins. Mais, bien que cette nomenclature puisse n'omettre aucune de nos passions primitives, il ne faut pas oublier néanmoins que chacune de ces dénominations particulières comprend un grand nombre d'affections qui, malgré leurs ressemblances générales, ne sont pas toujours exactement les mêmes : le seul mot joie, par exemple, exprime plusieurs variétés de sentiments agréables; le désir, un nombre considérable de volitions qui, se combinant avec leurs objets particuliers, en sont tellement modifiées, qu'elles nous apparaissent, sous leurs formes complexes, presque aussi différentes les unes des autres qu'elles le sont des autres modifications rangées sous des noms différents. C'est dans leur état de complexité que les émotions se produisent avec le plus de force dans nos semblables, et qu'en nous-même elles donnent plus de vivacité aux impressions du présent, aux prévisions de l'avenir et aux souvenirs du passé. Considérées sous cet aspect, et, pour ainsi dire, sur le grand théâtre de la vie, elles nous apparaissent avec des traits plus marqués, et, se montrant à nous et dans leurs causes et dans leurs effets, elles nous révèleront les secrets mobiles de l'activité humaine, avantage immense dont nous ne pourrions profiter si nous devions les étudier seulement dans leurs principes élémentaires (1). »

Voilà le but indiqué, et la méthode connue. Voyons à présent le mode d'arrangement adopté, les divisions générales et les subdivisions particulières.

Le principe de classification dont Brown fait usage ici comme ailleurs, c'est la notion de temps : les trois moments de la durée lui servent à distinguer les émotions en trois grandes classes,

---

(1) Leç. 52.

selon que l'objet qui nous occupe est présent, ou passé, ou futur; l'admiration, le remords et l'espérance peuvent servir d'exemples particuliers pour mettre dans tout son jour le sens qu'il attache à ces distinctions; car nous admirons ce qui est devant nous, nous sentons le remords d'un crime passé, et nous espérons un bien à venir. De là les émotions qu'il nomme *immédiates*, *rétrospectives* et *prospectives*. Les deux premières classes se subdivisent, en outre, selon que les sentiments impliquent ou n'impliquent pas quelque idée morale.

1º *Émotions immédiates.* Parmi celles qui n'impliquent pas d'idée morale se rangent : 1º l'hilarité, 2º la mélancolie, 3º l'étonnement, 4º l'ennui, 5º les sentiments du beau, du laid, du sublime et du risible.

Au nombre de celles qui supposent quelque idée morale sont : 1º la joie de la vertu et la tristesse du crime, 2º l'amour et la haine, 3º la sympathie avec le bonheur et le malheur, 4º l'orgueil et l'humilité (1).

2º *Émotions rétrospectives.* Elles se subdivisent en deux espèces : celles qui se rapportent à nos semblables : 1º la colère, 2º la reconnaissance; celles qui se rapportent à nous-même et à nos propres actions : 1º la peine et le con-

(1) Leç. 52 à 63.

tentement causés par des événements étrangers à notre volonté, 2° le remords et la satisfaction morale qui résultent de nos actes libres (1).

3° *Émotions prospectives.* Cette classe comprend tous nos désirs et toutes nos craintes. Toutefois, comme il les considère surtout dans leurs causes extérieures, il s'attache exclusivement aux désirs; car la crainte et le désir ayant presque toujours le même objet, traiter à la fois de l'un et de l'autre, c'eût été s'exposer à des répétitions inévitables et inutiles. « Le désir et la crainte, dit-il, ne se rapportent pas nécessairement à des objets différents : nous craignons la perte d'un plaisir qui longtemps avait été l'objet de notre espérance; nous souhaitons la délivrance d'un mal qui nous faisait craindre auparavant; nous aspirons à une place à laquelle nous craignons de ne pouvoir arriver; nous redoutons les menaces d'un malheur dont nous espérons éviter les coups (2). »

Brown ne cherche pas à définir le désir; car, selon lui, le désir considéré dans l'âme est une affection simple et qui, par conséquent, n'est pas susceptible de définition. Toujours le même dans sa nature, il ne souffre que des différences de degré; ses variations d'intensité sont marquées par les mots souhait, espérance, attente et con-

---

(1) Leç. 63 à 65.
(2) Leç. 65.

fiance, qui correspondent aux différents degrés de probabilité pour la réalisation de nos vœux. Toutefois la probabilité n'est pas la seule cause qui influe sur nos désirs; l'importance de l'objet en perspective peut aussi les modifier et d'une manière très-remarquable.

> Pauca licet portes argenti vascula puri
> Nocte iter ingressus, gladium contumque timebis,
> Et motæ ad lunam trepidabis arundinis umbram :
> Cantabit vacuus coram latrone viator.
> JUVÉNAL, *Sat. XV*, 19-22.

Le désir porté à son plus haut degré de force devient la passion, qui ôte quelquefois à l'âme la direction de ses mouvements.

Telles sont quelques-unes des considérations générales de Brown sur nos désirs. Il en aborde ensuite l'énumération, que toutefois il n'espère pas donner complète; « car, dit-il, énumérer tous les objets de nos désirs et de nos craintes, ce serait presque faire le dénombrement de tout ce qui existe autour de nous sur la terre, et de tous les rapports des choses aux hommes, sans parler de cette infinie variété de désirs fantastiques que suscitent les rêves d'une imagination capricieuse. Une énumération complète de tout ce qui peut faire naître les désirs me paraît presque aussi impossible que leur entière satisfaction pour l'homme, dont les aspirations sont aussi vastes que son pouvoir est borné. Les plus importants néanmoins me paraissent compris dans la série suivante : 1º le désir de l'existence continue, indépendamment du plaisir qu'elle peut donner; 2º le désir du plaisir, considéré directement comme tel; 3º le désir de l'action; 4º le désir de société; 5º le désir de la science; 6º le désir du pouvoir directement, comme dans l'ambition, ou indirectement, comme dans l'avarice; 7º le désir de l'affection ou de l'estime de nos semblables; 8º le désir de la gloire; 9º le désir du bonheur d'autrui; 10º le désir du malheur de ceux que nous haïssons (1). »

Toutes ces matières se trouvent développées dans Brown, suivant l'ordre que nous venons d'indiquer.

Tel est le plan de la théorie des *émotions*. Nous avons dû nous contenter de l'indication des matières et de l'ordre dans lequel elles sont traitées; car il eût été impossible de le suivre dans les détails d'une théorie dont les parties ne sont pas toujours enchaînées entre elles par un lien bien sensible, ni même, malgré l'appareil des classifications, rattachées à des principes généraux.

On nous demandera peut-être pourquoi, dans une étude sur les passions, Brown ne songe pas même à nous dire de quelle manière ces phéno-

---

(1) Leç. 65 à 73.

mènes sont modifiés par l'intervention de la volonté; il n'ignore pas sans doute que les facultés de l'âme ont chacune leur moment spontané et fatal, leur moment réfléchi et volontaire; mais le fait est qu'il a complétement oublié la théorie de la liberté; et ce n'est pas à nous qu'il appartient de combler une lacune si considérable.

Nous ne ferons ici qu'un très-petit nombre d'observations, et encore ne porteront-elles que sur les principes de sa classification et sur les dénominations nouvelles qu'il a introduites dans la science.

C'est, comme on l'a vu, le concept du temps qui sert de principe à la division adoptée par Brown; c'est la notion de l'un des trois moments de la durée qui sert de base à chacune des trois grandes classes d'*émotions*. Le caractère qui les distingue est donc supposé commun à tous les sentiments qu'elles embrassent respectivement. Mais avant de faire choix d'un pareil caractère, ne fallait-il pas d'abord en constater au moins la réalité? or la notion de temps entre-t-elle nécessairement dans la compréhension de l'idée d'émotion? Nous ne le croyons pas; car si on examine une émotion et dans sa forme et dans sa matière, on ne trouve pas parmi les éléments qui la constituent celui dont il est ici question. La matière d'un sentiment, c'est son objet; or l'objet est toujours extérieur à nous, ou peut toujours être considéré comme tel, même lorsqu'il est pris au-dedans de nous-même; maintenant, peut-on dire que le temps soit une des propriétés des objets extérieurs; que les choses soient en elles-mêmes ou présentes ou passées ou futures? L'expression seule d'une supposition si bizarre en démontre l'absurdité. La durée n'est rien hors de nous; c'est un point de vue de l'esprit, une perception de rapports, enfin une pure abstraction. Considérons maintenant l'émotion en sa forme, c'est-à-dire dans l'esprit modifié : selon Brown, une émotion n'est pas un phénomène intellectuel, mais purement volontaire, qui peut bien être précédé ou suivi d'une idée, mais qui n'en renferme aucune en soi comme partie intégrante; donc la notion de temps dont il s'agit ici ne peut appartenir qu'à la conception qui précède ou qui suit l'émotion. La division de Brown repose donc sur un caractère qui n'en est pas un; ce n'est tout au plus qu'une division artificielle; voyons, considérée comme telle, quelle peut être sa valeur.

Une classification artificielle n'est valable provisoirement que tant qu'elle tient séparées, d'une manière assez commode pour l'esprit, des choses qui tendent à se confondre vers les limites extrêmes des espèces; or la division qui nous occupe n'atteint pas même ce but : pour s'en convaincre, il suffit de prendre au hasard dans chacune des subdivisions respectives, et l'on verra que la plupart des émotions énumérées peuvent se ranger indifféremment dans l'une ou l'autre des trois grandes catégories. L'étonnement, par exemple, l'amour et la haine, qui sont classés parmi les émotions immédiates, ne pourraient-ils pas aussi bien se ranger dans la seconde classe à côté de la reconnaissance et de la colère? et de plus ces deux derniers sentiments ne peuvent-ils pas faire partie des trois catégories à la fois, selon que, d'après les principes de l'auteur, on a en vue l'un ou l'autre des trois éléments qui les constituent? En effet, par la douleur et la joie qu'ils causent, ils appartiennent aux émotions *immédiates;* par la conscience ou la conception de leur cause occasionnelle, ils sont *rétrospectifs;* et enfin, par le désir de vengeance ou de bienfaisance qui les accompagne, ils sont *prospectifs*. Rien donc ne justifie l'emploi de ces dénominations déjà si bizarres en elles-mêmes; il n'y a, à proprement parler, que des *émotions immédiates*, ou plutôt des émotions actuelles ou présentes. Descartes, il est vrai, dans son Traité des passions, fait allusion en passant à ces distinctions de temps, et c'est peut-être l'autorité de ce grand homme qui a préparé l'illusion de Brown ; mais le philosophe français se garde bien d'établir son système sur une base aussi fragile; c'est dans la nature même des passions qu'il cherche les caractères d'après lesquels il en forme un système (1). Enfin il faut dire avec Spinoza que « l'image d'une chose, prise en soi, est toujours la même, qu'elle se rapporte au passé et à l'avenir, ou bien au présent. » Et aussi que « la passion, » quelle qu'elle soit, est la même, que l'image se rapporte au passé et à l'avenir, ou bien au présent (2). »

Quand on cherche les causes de cette absence de précision, dans un esprit si ferme et si juste que l'est ordinairement celui de Brown, on en trouve deux causes principales : l'idée vague qu'il s'était faite des *émotions* en général, et l'étude superficielle de celles qu'on nomme primitives.

La joie, le chagrin, le désir, l'étonnement, le respect, le mépris, le remords et la satisfaction morale sont, d'après lui, nos seules *émotions* primitives ou « à peu près, » ajoute-t-il. Nous nous hâterons ici de lui rendre justice, en le félicitant d'avoir restitué à la science deux éléments jusqu'alors négligés, c'est-à-dire, d'avoir ajouté le remords et la satisfaction morale à la liste des *émotions* primitives et élémentaires, ce que n'avaient fait avant lui ni Descartes, ni Spinoza, ni Bossuet

(1) *Les Passions*, part. II, art. 57.
(2) *Éthique*, part. III, prop. 18; trad. E. Saisset.

lui-même. Mais nous le blâmerons de s'être contenté d'un *à peu près* dans une question si importante. Lorsque Descartes et Spinoza ont entrepris de nous faire connaître nos *passions,* n'en ont-ils pas cherché le nombre exact? n'ont-ils pas essayé de les rapporter à leur principe pour les suivre après dans leur génération? S'il avait imité l'exemple de ces deux grands hommes, il ne se serait pas exposé à surcharger la liste de nos sentiments simples et irréductibles.

Reprenons sa nomenclature des *émotions* primitives : nous y trouvons l'étonnement; mais est-il bien vrai que l'étonnement soit, je ne dis pas une passion simple, mais même une passion véritable? De quoi s'étonne-t-on en effet? du nouveau ou de l'inattendu, qui produisent, l'un l'admiration, l'autre la surprise. Or ces deux émotions ne sont pas des passions proprement dites; elles ne sont rien autre chose qu'un degré de vivacité ajouté à des affections préexistantes et subitement modifiées.

Je sais que Descartes place l'admiration en tête de ses six passions primitives. Mais à son autorité on peut opposer celle de Spinoza, qui dit : « Je ne compte pas l'admiration au nombre des passions, ne voyant aucune raison de l'y comprendre, puisque cette contention de l'âme ne vient d'aucune cause positive, mais seulement de l'absence d'une cause qui détermine l'imagination à passer d'un objet à un autre (1). »

De la liste il faut donc rayer l'étonnement. Mais y laisserons-nous figurer l'estime et le mépris ?

D'après Descartes, « ces deux passions ne sont que des espèces d'admiration (2). » Or nous avons vu que l'admiration elle-même n'est pas une passion.

D'après Spinoza, « l'estime consiste à penser d'une personne plus de bien qu'il ne faut, à cause de l'amour qu'on a pour elle ; le mépris consiste à penser moins de bien qu'il ne faut, à cause de la haine qu'on a pour elle (3). »

L'estime et le mépris ne sont donc pas des passions simples, et par conséquent elles ne sont pas primitives. Il eût été mieux peut-être de remplacer l'estime et le mépris par l'amour et la haine, et encore n'éviterait-on pas ainsi la redondance ; car la haine revient à l'amour, et l'amour lui-même n'est qu'une des formes du désir.

Des huit passions primitives renfermées dans l'énumération de Brown, il ne nous en reste donc que cinq : la joie, la tristesse, le désir, le remords et la satisfaction morale. Mais la réduc-

---

(1) *Éthique*; déf. 4.
(2) *Les Passions de l'âme*, part. III, art. 150.
(3) *Éthique*, déf. 21 et 22.

tion doit-elle s'arrêter là? Le remords et la satisfaction morale ne sont rien autre chose que la tristesse et la joie qui résultent de la conscience d'un devoir librement accompli ou librement violé. Ce ne sont donc pas des états simples de l'âme, et, puisque Brown a pour but avoué de ne tenir compte ici que des phénomènes incomplexes, et qu'en outre il a la prétention d'exclure des émotions tout élément intellectuel, il en résulte que nous devons retrancher de sa liste le remords et la satisfaction morale, et n'y conserver que la *joie*, la *tristesse* et le *désir*.

Cette réduction nous paraît légitime; car lorsque l'âme subit un état quelconque, comme cet état ne peut pas ne pas être conforme ou contraire à sa nature, il faut de toute nécessité qu'elle en jouisse ou qu'elle en souffre, ou, en d'autres termes, qu'elle en ait de la joie ou de la tristesse. Or la joie et la tristesse produisent l'amour et la haine. Mais la haine s'identifie à l'amour, et l'amour au désir; tous les phénomènes affectifs ou volontaires se réduisent donc à trois : la joie, la tristesse et le désir.

C'est précisément le résultat auquel aboutit Spinoza. « J'avertis, dit ce penseur extraordinaire, qu'après ces trois passions, la joie, la tristesse et le désir, je ne reconnais aucune autre passion primitive; et je me réserve de prouver par la suite que toutes les passions naissent de ces trois passions élémentaires (1). »

Malebranche professe exactement la même doctrine sous des termes différents, car il dit que l'amour de l'être ou du bien-être en général « est le principe de toutes nos inclinations naturelles, de toutes nos passions, et de tous les amours libres de notre volonté (2). »

On nous accordera sans doute que ce principe unique de Malebranche est au fond l'équivalent des trois principes de Spinoza; car l'amour est l'effet inséparable de la joie et la cause nécessaire du désir; et la tristesse est à la joie ce que la haine est à l'amour.

Brown n'a point poussé jusque-là ses réductions. S'il était descendu à ces profondeurs, il est probable qu'il eût eu moins de confiance à reprocher à Condillac et à son école d'avoir voulu ramener tout à un principe unique, et d'avoir posé en fait que l'âme, dans la plus insignifiante en apparence de ses modifications, exerce à la fois toutes ses facultés constitutives. Et, s'il eût tenu compte des doctrines de Malebranche et de Spinoza, il n'eût pas manqué de reconnaître que l'*émotion* non-seulement *succède soit à la perception, soit à la conception*, mais qu'elle renferme

---

(1) *Éthique,* part. III, prop. 11.
(2) *Recherche de la vérité,* liv. IV, ch. 1.

nécessairement l'une ou l'autre de ces deux opérations ; et que, même dans un phénomène sensible, quel qu'il soit, la raison opère à la fois sur toutes les idées qui sont les conditions de la pensée.

II. — *Du beau et du sublime.*

Chacune des questions de cette partie du cours a son mérite propre ; mais il en est une qui nous a paru de beaucoup la plus intéressante et la plus instructive : c'est celle qui roule sur le beau et le sublime.

On a beaucoup écrit sur ce sujet. Mais Brown se soucie fort peu des différents traités d'esthétique ; il évite même avec soin d'en parler, dans la crainte de porter la confusion dans l'esprit du lecteur. « Il y a, dit-il, des sujets qui deviennent d'autant plus obscurs, que l'on compare un plus grand nombre des opinions diverses dont ils ont été l'objet, de même que les eaux d'un lac troublé deviennent moins claires à mesure qu'on les agite davantage. » — « En pareil cas, ce que la prudence conseille, c'est d'attendre, avant de regarder au fond, que les eaux soient calmées ; ou, pour parler sans métaphore, dans une question qui a été embrouillée par tant de théories contraires, le mieux que nous ayons à faire, c'est de considérer la matière comme si elle n'avait été l'objet d'aucune recherche antérieure, et d'étudier les phénomènes comme s'ils étaient entièrement nouveaux, et que nous fussions nous-mêmes les premiers investigateurs (1). »

D'après lui, le premier caractère du beau est d'être un *sentiment agréable*. « Quand nous parlons, dit-il, de l'émotion qu'excite en nous la beauté, nous parlons nécessairement d'une émotion qui est agréable, car c'est seulement lorsqu'il s'agit d'une émotion semblable que tous les écrivains et le vulgaire lui-même, dans son langage ordinaire, s'accordent à faire usage du mot *beauté*. Au fond, ce n'est rien autre chose qu'une des nombreuses formes de cette joie délicieuse que j'ai rangée dans la classe des sentiments primitifs. Le plaisir est donc d'abord, selon moi, un des caractères essentiels de cette émotion (2). »

Deuxième caractère du beau : une tendance instinctive de l'esprit (tendance dont Brown ne recherche point l'origine, mais que nous pouvons considérer comme une application du principe de causalité) transporte l'émotion qui est en nous du sujet à l'objet.

« Un autre caractère, dit-il, qui n'est peut-être pas aussi apparent, mais qui, selon moi, n'en est pas moins un élément constitutif de la beauté,

---
(1) Leç. 54.
(2) *Ibid.*

telle qu'elle existe dans l'état où nous sommes forcés de la considérer, je veux dire dans l'esprit de l'homme modifié par l'éducation et l'expérience de la vie, c'est que nous transférons, en partie du moins, et que nous incorporons, pour ainsi dire, le charme qui est en nous à l'objet en présence duquel nous l'éprouvons. L'idée de l'effet produit en nous se combine avec la conception de l'objet qui en a été la cause occasionnelle; dès lors cet objet pour nous devient beau. C'est ainsi que nous revêtons les formes extérieures des couleurs qui n'ont d'existence que comme sensations dans notre esprit, ou que, dans les idées vagues que nous nous formons des substances sapides ou odorantes qui flattent nos sens, nous considérons presque comme existant en elles quelque chose du plaisir qu'elles nous procurent (1). »

Ainsi deux choses caractérisent le beau : nous éprouvons un certain plaisir, que nous transportons et que nous réalisons au dehors; un phénomène sensible et un phénomène intellectuel; un sentiment et un jugement.

La beauté n'existant que dans l'esprit (2), nous

(1) Leç. 54.
(2) Dans toutes nos recherches sur ce sujet nous avons porté notre attention sur un grand nombre de sentiments de l'âme, et non point sur une qualité simple et unique des objets qu'on

n'avons pas besoin de la chercher dans les objets extérieurs, puisque, selon l'auteur, elle ne s'y trouve pas. Ce qui nous reste à faire, c'est donc

pût appeler le beau; car le beau n'existe nulle part, pas plus que le moelleux, le doux ou l'agréable. Chercher ce que c'est que le beau, si toutefois cette expression a un sens raisonnable, ce n'est donc point rechercher une qualité commune à un grand nombre d'objets; c'est tout simplement chercher qu'elles sont celles de nos émotions agréables qui ont un caractère de ressemblance suffisamment marqué pour être classées sous un mot générique.

La beauté n'est pas une chose qui existe dans les objets indépendamment de l'esprit qui les perçoit, ni par conséquent qui soit permanente, comme les objets dans lesquels on la suppose faussement. C'est une émotion de l'âme qui varie, comme toutes les autres, suivant les circonstances et les dispositions différentes de l'esprit. Nous n'avons pas à sonder la nature d'une essence inaltérable, d'un beau en soi, τὸ καλὸν, mais à examiner des sentiments passagers, excités par des objets qui peuvent n'avoir d'autre propriété commune que celle de produire en nous des affections à peu près semblables. Lorsque nous parlons du sentiment du beau, ce n'est pas d'un sentiment unique que nous entendons parler, mais de plusieurs sentiments analogues auxquels nous avons donné un nom commun, de même que nous désignons par le même nom de couleur le vert, le rouge, le bleu, etc. Nous ne cherchons pas une beauté unique, pas plus qu'une couleur ou une forme unique. Il n'y a que des beautés différentes, c'est-à-dire différentes émotions agréables que nous rangeons dans une même classe, parce qu'elles ont entre elles certains rapports de ressemblance. Le beau n'existe pas plus dans les objets que le genre ou l'espèce n'existent dans les individus. Au fond, ce n'est rien autre chose qu'un genre ou une espèce, un simple nom général donné à plusieurs sentid'étudier la faculté esthétique dans sa nature et dans ses opérations.

Sur ce point, toute la pensée de Brown se

ments analogues. Chose étrange! parmi les écrivains, ceux-là même qui s'étonneraient, si on les croyait capables de croire à l'un des universaux *a parte rei*, admettent une beauté universelle et substantielle, et ils s'appliquent à la découverte de ce qui constitue le beau, à peu près comme les logiciens scolastiques recherchaient l'essence réelle de l'universel.

Aussi diffèrent-ils tous dans leurs opinions : selon quelques-uns, la beauté est une ligne ondoyante; selon d'autres, c'est un composé de certaines qualités physiques; d'après ceux-ci, c'est l'expression des qualités morales, et d'après cinquante autres, c'est tout autant de choses différentes; comme si la beauté existait en soi, comme si c'était autre chose qu'un nom général pour toutes les émotions agréables que font naître en nous les formes, les couleurs, les sons, les mouvements et les états intellectuels et moraux de notre esprit. Ces émotions sont semblables, il est vrai, mais elles sont loin d'être identiques; elles sont semblables entre elles, comme le sont toutes les affections qui causent à l'âme un plaisir, et nous les rangeons pour cette raison sous une même dénomination, bien que ce plaisir ne soit pas une réalité distincte de nos sentiments agréables.

Demander ce qui constitue l'agréable, serait en général considéré comme une question bien étrange; et dire que c'est une vue, une odeur ou une saveur, que c'est le brillant, le doux, le parfumé ou le moelleux, serait regardé comme une réponse plus singulière encore. Et cependant personne ne s'étonne, lorsque nous recherchons ce qui constitue le beau; et nous sommes à peine surpris des efforts de ceux qui voudraient nous persuader que les sentiments du beau peuvent se ramener à une émotion unique ou à un très-petit nombre d'émotions du même genre.

résume en ce qui suit : des inductions probables nous autorisent à croire à l'existence d'un *goût naturel*, diversement modifié par l'*association*, laquelle opère tantôt à l'aide de la *mémoire* et de la *comparaison*, tantôt à l'aide de la *généralisation*.

Tirons ces idées du vague et de l'obscurité où les laisse ce simple énoncé.

C'est un fait qu'en présence de certains objets nous éprouvons une émotion agréable, et que nous reportons sur eux le charme qui est en nous, en les appelant *beaux;* c'est un fait encore qu'en présence de certains autres objets nous éprouvons un sentiment désagréable, que nous transportons en eux, en les appelant laids, et, comme le dit Brown, « si la même impression se produisait toujours à la vue des mêmes objets, rechercher les causes de la beauté des uns et de la laideur des autres, serait tout aussi absurde que de se demander pourquoi le miel n'est pas amer, et l'absinthe sucrée, pourquoi les pétales de la rose ne sont pas vertes, et l'herbe de nos prairies rouge (1). » — « Mais, ajoute-t-il, la ques-

---

Des formes, des couleurs, des sons différents sont beaux ; différentes productions de l'esprit sont belles, de même que nos diverses affections morales, parce que toutes ces choses excitent en nous des émotions à peu près semblables. (*Leç.* 57.)

(1) Leç. 55.

tion prend un aspect bien différent, quand on considère la diversité des émotions excitées par le même objet et l'influence de l'association sur nos sentiments de toute espèce. En pareil cas, nous sommes autorisés à douter au moins s'il existe une beauté ou une laideur primitives et absolues, ou si elles ne dépendent pas entièrement des circonstances contingentes qui peuvent les modifier à ce point (1). »

(1) Cette aptitude générale à sentir le beau physique, intellectuel et moral, qui forme une partie de notre constitution mentale, est tellement modifiée par les circonstances où les individus se trouvent placés, que nous jugeons beaux des objets que, sans ces circonstances, nous n'aurions pas considérés comme tels. Il est donc évidemment impossible de résoudre d'une manière parfaitement certaine la grande question de savoir s'il existe un beau primordial, puisque, sous l'influence de ces circonstances dont l'action commence à notre naissance même, nos sentiments primitifs, quelle qu'en ait été d'ailleurs l'origine, doivent avoir été complétement modifiés avant que nous puissions les étudier en nous, et avant même peut-être que dans l'enfant nous puissions surprendre aucun signe certain de ses émotions.

Puisque, sur ce point, nous ne pouvons nous décider avec confiance ni pour l'affirmative ni pour la négative, ce qui nous reste à faire en bonne philosophie, c'est de comparer les probabilités. Mais, du moins, ces probabilités nous autorisent-elles à supposer que dans le principe tous les objets soient également susceptibles de subir les influences primitives des circonstances accidentelles qui peuvent seules les rendre beaux? Ou bien n'indiquent-elles pas plutôt une tendance naturelle à recevoir l'impression du beau en présence de certains objets et à rester indifférents en présence de certains autres, cette tendance fût-elle

Nous voici donc en présence de deux questions nouvelles : 1º existe-t-il un beau primitif? 2º est-il soumis à l'influence des circonstances accidentelles?

Avant de résoudre la première, Brown énumère les modifications diverses que subit en nous le sentiment du beau :

Dans la vie ordinaire, influence de la mode sur tous les objets d'agrément et de luxe;

Influence des souvenirs et des associations diverses sur les impressions produites par les scènes de la nature;

Influence des préjugés sur l'appréciation des œuvres de l'art et des productions de l'esprit;

Enfin influence des institutions civiles et politiques, des idées philosophiques et religieuses sur les sentiments moraux.

Il examine successivement leur action sur le sentiment du beau tant dans l'ordre physique, que dans l'ordre intellectuel et moral, et il arrive aux conclusions suivantes :

« Dans une pareille recherche, où les données nécessaires nous manquent, il est impossible d'arriver à un résultat certain. Il s'écoule beaucoup de temps avant que les opérations intellectuelles de l'enfant puissent se révéler à nous d'une

d'ailleurs susceptible de modification au point d'être dans la suite changée entièrement ou en partie par l'influence plus puissante des causes accidentelles? *(Leç. 55.)*

manière directe ou indirecte, et à cette période de la vie, la plus importante de toutes, où la pensée s'élabore lentement et se dégage des éléments grossiers de la sensation, les circonstances mêmes dont nous voulons reconnaître l'influence ont déjà produit des effets qu'il nous est entièrement impossible d'apprécier (1). »

L'incertitude de Brown sur l'existence d'un goût naturel provient, nous n'en doutons pas, de sa condescendance pour son ingénieux et illustre ami, Archibald Alison, l'auteur d'un Essai sur la nature et les principes du goût (2). On sait que dans cet ouvrage, ce dernier dérive tous nos sentiments esthétiques d'une source unique : de l'*association*. Séduit par des arguments spécieux et peut-être par les illusions de l'amitié, Brown n'a que faiblement combattu cette théorie célèbre en Écosse. Et c'est là, sans doute, ce qui l'a empêché de se prononcer sur cette importante question.

Mais, si, comme nous le verrons bientôt, le goût n'est pas en nous le produit de l'*association,* il en subit certainement l'influence, et il est modifié par elle d'une manière très-remarquable.

Brown signale deux procédés d'association : le premier suppose le concours de la mémoire et de la

---

(1) Leç. 56.
(2) *An Essay on the nature and principles of taste;* 2 vol. in-8°, Edinburg, 1811.

comparaison, et par des analogies morales et d'heureuses souvenances renouvelle à chaque instant et multiplie indéfiniment nos plaisirs intellectuels.

« En premier lieu, dit-il, un vif sentiment de plaisir, excité d'abord accidentellement par un objet particulier, peut dans la suite se réveiller en nous à la vue du même objet; et l'effet de l'association peut être tel que ce qui n'eût été peut-être pour nous qu'indifférent nous devienne pour toujours agréable. La même émotion peut aussi se reproduire de la même manière en présence d'un objet analogue ou semblable au premier; elle peut se renouveler uniformément, et nous faire trouver des charmes là où il n'en existe que grâce à cette suggestion rapide et presque inaperçue (1). »

Tel est le premier mode d'association.

Selon l'auteur, « il explique la diversité des sentiments dans les hommes, lorsqu'il arrive qu'une chose admirée des uns laisse les autres dans l'indifférence; il explique surtout ces variations plus étonnantes encore que nous rencontrons quelquefois dans la manière de sentir du même individu, lorsque nous le voyons en certains cas se livrer à des transports d'admiration, qui nous paraissent incompatibles avec les répugnances qu'il montre en d'autres occasions (1). »

(1) Leç. 36.

C'est ainsi que l'association modifie d'abord le sentiment primitif. Mais si son action se bornait à cela, la beauté serait changeante et personnelle ; le hasard des circonstances, les caprices de la mémoire et de l'imagination donneraient à chaque instant au même objet un aspect différent ; ce qui serait beau pour celui-ci serait laid pour celui-là ; enfin le domaine du beau à jamais circonscrit ne pourrait s'étendre. Il n'en est pourtant pas ainsi dans la réalité ; car, en général, ce qui une fois nous a paru beau reste tel à nos yeux, et, malgré les diversités de caractère, les hommes sentent d'une manière à peu près la même. Enfin le goût, en dépit de ses variations, n'en a pas moins quelque chose de fixe, et il est en outre susceptible d'un perfectionnement graduel. Il faut donc qu'il existe un second mode d'association qui corrige, règle et accroisse l'influence du premier.

Ce second mode d'association consiste dans un procédé de généralisation, et nous donne ce que dans d'autres écoles on appelle l'*idéal*.

Voici comment il est expliqué par Brown.

« Au spectacle souvent renouvelé d'un grand nombre d'objets qui nous ont paru beaux, nous avons éprouvé des émotions agréables qu'il nous a été impossible de ne pas comparer entre elles ; à la suite de ces comparaisons, et au moyen de cette faculté qui perçoit les rapports de ressemblance, nous nous sommes formé insensiblement une notion générale de beauté ou d'excellence, ou plutôt nous nous sommes formé progressivement différentes notions générales de plusieurs espèces et de plusieurs degrés de beauté ou d'excellence. Or ce sont ces idées générales qui s'associent dans notre esprit à la perception ou à la conception des objets qui ont avec elles des rapports, de la même manière exactement que les idées générales d'un autre ordre, de fleur, par exemple, d'oiseau ou de quadrupède, une fois formées en nous, se réveillent ensuite avec la plus grande facilité à la vue d'un objet qui paraît appartenir au genre ou à l'espèce qu'elles représentent dans l'esprit (1). »

Il est facile maintenant d'opposer l'un à l'autre ces deux procédés d'association, et de voir en quoi ils diffèrent et en quoi ils se ressemblent : les notions générales du second peuvent, comme les idées particulières du premier, se répandre au dehors et se fixer, pour ainsi dire, sur des objets déterminés. Celui-ci ne suppose que les opérations de la mémoire et de la comparaison, tandis que celui-là, plus complexe, exige, en outre, l'exercice de la généralisation; les effets de l'un sont

(1) Leç. 57.

changeants et bornés; l'action de l'autre, au contraire, soumise jusqu'à un certain point à des règles, s'exerce dans une sphère presque sans limites.

De la question du beau, Brown passe à celle du sublime, à laquelle il applique les mêmes principes et la même méthode.

Celui-ci n'est, comme le beau, qu'une modification subjective.

« Le sentiment du sublime, dit-il, on peut bien le supposer, ne naît pas sans une cause, pas plus que le sentiment du beau; mais le premier, comme le second, n'est qu'une affection de l'âme, et non une qualité des objets extérieurs; il passe, comme le beau, du sujet à l'objet, et dès lors il en fait, pour ainsi dire, partie, mêlé aux autres qualités matérielles, et doué d'une existence indépendante de l'esprit qui le perçoit et le sent (1). »

Ainsi le sublime n'a d'existence que dans l'esprit; il est d'ailleurs soumis aux mêmes lois d'association que le beau, et il ne faut pas s'en étonner, car nous devons dire que Brown identifie ces deux sentiments : ils ne sont, d'après lui, que les différents degrés d'une émotion de même nature.

(1) Leç. 57.

« Pour nous convaincre, dit-il, de l'identité de ces deux sentiments, malgré leur opposition apparente, voyons par quelles gradations insensibles ils peuvent se fondre l'un dans l'autre. Supposons-nous en présence d'un ruisseau qui serpente mollement dans une campagne fertile et riante ; voyons-le couler tantôt à l'ombre du feuillage, tantôt aux rayons du soleil dont il reflète l'éclat. Suivons-le dans son cours jusqu'à ce que, devenant une rivière majestueuse, il voie se succéder sur ses bords, non plus des hameaux, mais des cités populeuses auxquelles il apporte l'abondance ; descendons ce fleuve jusqu'à l'endroit où il va perdre ses eaux dans une mer sans rivage. Qu'éprouverions-nous effectivement, si un pareil spectacle se déroulait à nos regards ? Une série d'émotions, dont chacune serait semblable à celle qui l'aurait précédée, mais dont les dernières nous paraîtraient si différentes des premières, que nous aurions de la peine à les ranger dans la même classe. Nous dirions, pour nous conformer au langage ordinaire, que le ruisseau est beau, le fleuve magnifique, et l'océan sublime. Mais en créant des mots différents, avons-nous créé des classes correspondantes de réalités différentes ? Si nous n'avions pas inventé ces trois mots, nous aurions nettement distingué le progrès et les gradations de nos sentiments, nous aurions vu leurs nuances successives se confondre, et nous n'aurions pas formé trois catégories d'une seule et même classe d'émotions (1). »

Rassemblons ici les traits épars de la pensée de Brown : le sentiment esthétique est une *émotion agréable;* le beau et le sublime n'existent que dans l'esprit; l'un et l'autre ont leur principe dans une faculté que des *inductions probables* nous autorisent à regarder comme primitive, et que nous pourrions appeler *goût naturel;* celui-ci est modifié par l'*association*, dont les *deux modes* exigent, le premier l'exercice de la *mémoire* et de la *comparaison,* le second celui de la *généralisation.*

Telle est la théorie du beau dans Brown. Nous n'avons pas l'intention de l'examiner ici au point de vue psychologique; mais l'admettant telle qu'elle est, nous allons indiquer, en courant, ce qui nous frappe en elle.

Ce qu'il est impossible de ne pas remarquer, c'est son opinion touchant la nature du sublime. Nous savons que, pour lui, le sublime n'est qu'une modification subjective, que d'ailleurs il ne diffère pas essentiellement du beau, mais qu'il n'en est, au contraire, qu'un degré supérieur.

(1) Leç. 57.

L'examen de ces deux assertions nous permettra peut-être de jeter un nouveau jour sur une question qui nous paraît n'avoir pas été résolue jusqu'à présent, du moins d'une manière satisfaisante.

Que le sublime, comme le beau, ne soit pas une qualité des objets, c'est incontestable ; mais le préjugé contraire est si invétéré qu'il ne sera peut-être pas inutile d'appuyer de quelques exemples l'assertion de Brown.

A qui n'est-il pas arrivé pendant la nuit, à ces heures où les villes sont silencieuses, d'entendre ou de croire entendre tout à coup le bruit du tonnerre ? Alors, pour peu qu'on ait d'imagination, on se représente aussitôt toutes les circonstances d'un orage ; et si l'on n'est pas artiste, il surgit au moins dans la mémoire une tempête poétique.

rubente
Dextera sacras jaculatus arces
Terruit urbem. (Horace.)

Sæpe etiam immensum cœlo venit agmen aquarum
Et fœdam glomerant tempestatem imbribus atris
Collectæ ex alto nubes.....

Ipse pater, media nimborum in nocte, corusca
Fulmina molitur dextra..... (Virgile.)

Ces réminiscences ne suffisent pas ; comme Vernet, on veut assister au spectacle imposant de la lutte des éléments, des convulsions de la nature; on interrompt ses élucubrations nocturnes; plein d'inquiétude, on regarde, on écoute; mais le bruit lointain s'est rapproché; on s'attendait aux émotions graves et solennelles du sublime, et l'on revient à sa table de travail en riant : c'était une charrette vide qui roulait sur les pavés de la rue.

Les objets ne sont donc pour nous que ce que l'imagination les fait être. Lorsque Volney s'arrêtait devant les ruines du désert pour y méditer les leçons du passé, qu'avait-il sous les yeux ? Des monceaux de pierre. Mais ces débris épars, qui suggéraient au philosophe des pensées si sublimes et des sentiments si profonds, parlaient-ils le même langage au pâtre grossier qui venait planter sa tente au lieu où avait été Palmyre ?

> The beings of the mind are not of clay,
> Essentially immortal, they create
> And multiply in us a brighter ray
> And a more belov'd existence.
>   BYRON, *Child Harold*, Cant. IV.

En présence des Thermopyles le Grec ancien s'embrasait de l'ardeur des combats et de l'amour de la patrie; le rocher de Léonidas se transformait à ses yeux et lui inspirait un saint respect. A quoi pense aujourd'hui le Grec moderne qui passe par ces lieux consacrés par le sang des martyrs de la liberté? Aux réverbérations suffocantes d'un soleil incommode, et aux difficultés d'un passage étroit et affreux.

Non, ni la beauté ni la grandeur ne résident dans le spectacle extérieur; elles sont tout entières dans l'âme du spectateur. La matière n'est rien, l'esprit est tout.

Le sublime ne se trouvant point dans les objets du dehors, c'est dans l'âme que nous devons l'étudier, afin de le connaître dans sa nature propre et de déterminer les éléments qui le constituent.

Nous avons accordé à Brown que le sublime n'est qu'une affection de l'âme; mais qu'il soit identique au beau, qu'il n'en soit qu'un degré supérieur, c'est ce que nous ne pouvons lui accorder. Cette opinion, il est vrai, avait été également celle de son prédécesseur. « Il n'y a certainement pas, dit D. Stewart, entre le sublime et le beau cette incompatibilité que la plupart des écrivains se sont plu à supposer entre eux (1). » « Cette opinion, ajoute-t-il dans une note, cette opinion qui paraît loin d'être généralement admise sur le continent, ne s'est accréditée parmi nous qu'à la faveur du grand nom de Burke. A un grand nombre de passages que ce dernier et

---

(1) *On the sublime*, part. II; — *Essay II*, ch. Ist.

Blair ont cités des poëtes et des orateurs, comme exemples du sublime, un Français sans nul doute aurait cru pouvoir appliquer avec d'autant de justesse l'épithète de beau. »

Voyons d'abord ce qu'il peut y avoir de vrai dans l'opinion de Stewart et de Brown; nous verrons ensuite ce qu'il faut ajouter à la doctrine de Burke pour qu'elle soit complète, la seule vraie et la seule admissible.

D. Stewart prend le mot *sublime* dans sa signification étymologique, soit au propre, soit au figuré, dans le sens *de sublimis (supra limum)*. « Ce qui nous frappe d'abord dans le sublime, dit-il, c'est qu'il emporte nos pensées dans une direction contraire à celle dans laquelle agit la grande et universelle loi de la gravitation terrestre (1). » Et si l'on veut se donner le plaisir de lire son ouvrage, on verra que les exemples qu'il choisit appartiennent tous aux genres de sublime que Kant appelle le *sublime noble* et le *sublime magnifique*.

Brown s'est mis exactement au même point de vue. Et il est facile de s'en convaincre, si l'on consent à assister de nouveau au spectacle qu'il a mis sous nos yeux (2); on verra qu'il n'a porté son attention que sur les circonstances capables

(1) *On the sublime*, part. II; — *Essay II*, ch. I[st]
(1) *Voir pag.* 162.

d'exciter l'admiration, et qu'à cette succession de scènes variées il n'a fait correspondre dans l'âme qu'une série de sentiments qui changent non de nature, mais d'intensité, jusqu'au moment où ils atteignent un degré suprême, qu'il marque par le mot *sublime*.

Brown, de même que Stewart, n'a donc vu dans la nature que le sublime noble et le sublime magnifique, et s'il faut croire avec Kant à la réalité de ces deux genres de sublime, ce sera là la part de vérité contenue dans l'opinion des deux philosophes écossais.

Pour nous, la noblesse et la magnificence ne sont que des formes diverses de la beauté, qui n'ont rien à voir avec le sublime proprement dit.

Avant de le prouver analytiquement, qu'on nous permette de constater par un fait la distinction radicale du sublime et du beau. (C'est du reste un fait auquel Brown lui-même a fait allusion sans avoir su en profiter.)

Il n'y a rien de beau sans doute dans deux ou trois arpents de terre aride et sablonneuse. « Cependant c'est quelque chose d'assez imposant que la vaste étendue d'une plaine stérile et désolée. Quoi de plus sublime, par exemple, que l'idée seule du grand désert du Sahara? Pourrait-on dire qu'il est beau? Il l'est si peu, qu'aux yeux de l'Arabe vagabond, l'endroit le plus misérable, pour peu qu'il contienne quelques touffes de palmiers flétris, quelques herbes jaunies par le soleil et le simoon et une mare d'eau bourbeuse, se transforme aussitôt par l'effet du contraste en une île fortunée, une oasis, un Eden.

Le sublime ne peut donc se confondre avec le beau. Mais en quoi consiste-t-il? Est-ce un sentiment simple, ou un sentiment complexe? Jouffroy affirme qu'il est simple. « Pour moi, dit-il, le sentiment du sublime est tout à fait distinct dans sa nature du sentiment du beau; je ne puis dire en quoi ils diffèrent, parce que je ne saurais définir les sentiments simples; mais je suis sûr de ce fait comme je suis sûr que le blanc n'est pas le noir (1). »

Nous ne craindrons pas d'adopter une opinion contraire à celle de ce profond penseur, et de considérer le sublime comme un sentiment essentiellement complexe.

Pour se convaincre qu'il en est ainsi, il suffit d'interroger sa conscience en face d'un objet sublime. Qu'on se transporte dans l'un de ces pays qui offrent au voyageur les spectacles les plus propres à faire naître l'émotion dont il s'agit, en Suisse, par exemple, sur le Rigi, d'où

---

(1) *Cours d'esthétique*, p. 337.

l'on peut contempler comme une armée de montagnes qui s'échelonnent à perte de vue ; qu'on s'y représente un orage et des tonnerres lointains qui rebondissent sur le flanc de ces neiges vieilles comme le monde ; qu'éprouverons-nous en présence d'un pareil spectacle ? C'est d'abord, avec l'idée de notre petitesse et de notre néant, un sentiment vague de tristesse profonde ; mais bientôt l'âme, atterrée d'abord, se replie sur elle-même et se relève ; elle ose mesurer ces sauvages et terribles grandeurs qui semblaient devoir l'accabler, et elle prononce en elle-même le mot de Pascal : « Quand l'univers l'écraserait, l'homme serait encore plus noble que ce qui le tue, parce qu'il sait qu'il meurt ; et l'avantage que l'univers a sur lui, l'univers n'en sait rien. »

Ainsi la tristesse qui nous abat, la fierté de l'âme qui revendique les droits de la pensée, voilà les deux éléments qui constituent le sentiment du sublime.

Ce témoignage de la conscience est confirmé par l'autorité des poëtes. Aux éclats redoublés du tonnerre, la création tout entière tremble et s'humilie :

> Quo maxima motu
> Terra tremit, fugere feræ, et mortalia corda
> Per gentes humilis stravit pavor....

Lorsque Byron fait à l'océan ses sublimes et

derniers adieux, de quoi son imagination est-elle surtout frappée? Du contraste effrayant entre la faiblesse de l'homme et la force incommensurable de ce terrible élément :

> Roll on, thou deep and dark blue ocean — roll!
> Ten thousand fleets sweep over thee in vain;
> Man marks the earth with ruin — his control
> Stops with the shore....
> Byron, *Child. Harold.* Cant. IV.

Ainsi, crainte et tristesse, exaltation du sentiment de la vie et joie, voilà tout ce qui entre dans la complexité du sentiment du sublime.

Nous sommes maintenant en état d'apprécier la théorie célèbre de Burke, qui de tous les auteurs s'est approché le plus de la vérité. Voici ce que dit cet illustre écrivain : « La passion causée par le grand et le sublime dans la nature, lorsque ces causes agissent le plus puissamment, est l'étonnement; et l'étonnement est cet état de l'âme dans lequel tous ses mouvements sont suspendus par quelque degré d'horreur. Alors l'esprit est si rempli de son objet, qu'il ne peut en admettre un autre, ni par conséquent raisonner sur celui qui l'occupe (1). »

Je trouve bien ici la première condition du sublime, mais je n'y trouve pas la seconde; car si

(1) *Burke on the beautiful and sublime*, ch. 1, p. 1.

l'âme ne sort pas de cet étonnement décrit par Burke, elle reste sous l'empire d'une tristesse lâche et d'un stupide abattement, c'est-à-dire qu'elle reste sous l'impression d'un sentiment qui est tout-à-fait l'opposé du sublime, émotion généreuse et fière qui naît de la conscience de la dignité humaine. Le sublime sans doute vient de la crainte, mais de la crainte surmontée par l'énergie de la volonté libre.

Pour résoudre une fois pour toutes cette question qui est si simple, et qui pourtant a si longtemps embarrassé les philosophes et les critiques, et pour mettre notre idée dans tout son jour, ne craignons pas de nous répéter, et montrons que le sentiment du sublime n'existerait pas sans les deux éléments qui forment sa complexité; prenons l'exemple d'une émotion composée quelconque, de l'espérance, si l'on veut. L'espérance est un état complexe de l'âme, qui contient l'espoir et la crainte, et par conséquent la joie et la tristesse. Otez l'un ou l'autre de ces deux éléments, ôtez la crainte, ou ôtez l'espoir, vous détruisez également l'espérance, et il ne reste plus dans l'âme qu'un sentiment simple et primitif. De même, ôtez du sentiment du sublime la timidité ou le courage, l'humilité ou l'orgueil, la pusillanimité ou la magnanimité, le sublime n'existe plus et ne peut plus même exister. Le sublime est le résultat d'un combat intérieur, où il faut au moins deux adversaires ; c'est une lutte entre deux inclinations naturelles, c'est la victoire de l'âme sur elle-même, de l'âme qui s'abaisse d'abord et finit par se relever ; c'est le triomphe de la liberté. J'insiste sur cette dernière observation : prenez un exemple quelconque et voyez si le sublime peut naître là où la liberté n'a plus d'adversaire, où la première condition n'est pas donnée, où la crainte n'existe pas. Croit-on que l'homme véritablement intrépide ait besoin de s'exalter à la vue du danger, et que l'âme vertueuse et forte ait besoin d'enthousiasme pour la pratique du devoir ? Le marin qui a bravé pendant des années la tempête et la bataille, se rit des plus terribles orages ; et parce que son cœur, affermi contre les dangers, ne connaît plus la crainte, la vue de la mer agitée jusque dans ses abîmes ne lui offre plus rien de sublime ; pour lui, c'est un spectacle beau ou joli.

Il en est de même dans l'ordre moral. Les âmes fortes et grandes ne sont plus susceptibles du sentiment du sublime. L'habitude de la vertu leur fait considérer les plus grandes actions comme quelque chose de très-naturel et de très-ordinaire. Xénophon, lorsqu'il raconte la mort de Thrasybule, n'emploie que ces mots : « Ainsi mourut Thrasybule, qui paraît avoir été réellement un excellent homme. » Un historien moderne ne se fût point servi d'expressions si simples, il eût cru se déshonorer aux yeux du lecteur.

« L'homme de cœur, dit l'auteur des *Caractères,* n'est guère plus vain d'avoir paru à la tranchée, emporté un ouvrage ou forcé un retranchement, que le couvreur d'avoir monté sur de hauts combles ou sur la pointe d'un rocher. » Le père Bouhours épuise toutes les ressources de sa rhétorique pour justifier cette comparaison ; il s'évertue, dans ses *Pensées ingénieuses*, à ne point trouver *basses* des expressions qui feraient honneur à tout autre qu'à Labruyère.

Quoi ! nous dira-t-on peut-être, l'expression du sublime, l'enthousiasme, les transports ne sont donc que les marques d'une âme vulgaire et petite?

Nous ne répondrons qu'en faisant nous-mêmes une question : s'il est vrai, comme quelques-uns le prétendent, qu'il y ait deux espèces de sublime, le sublime noble ou admirable et le sublime effrayant, ne sera-t-on pas forcé de convenir que, si c'est un beau privilége de ne point rester froid en présence du sublime admirable, il y a bien aussi quelque vérité dans l'adage vulgaire qui dit de l'admiration qu'elle « est fille de l'ignorance.»

Quant au sublime effrayant, puisqu'il résulte du combat d'un sentiment qui nous abat et d'un sentiment qui nous élève, il faut bien admettre que si d'un côté il honore l'homme, de l'autre il est la preuve de sa faiblesse et de sa pusillanimité.

D'un autre côté, la doctrine de Brown ne nous paraît pas moins attaquable. Il ne fonde que sur des probabilités l'existence d'un *goût naturel*. Car pour arriver à la certitude sur ce point, il lui semble nécessaire d'étudier et de connaître à fond les premières opérations intellectuelles de l'enfant; et comme cela lui paraît tout à fait impossible, il reste dans le doute sur la question de savoir si le phénomène esthétique est le produit d'une faculté primitive ou seulement acquise et de formation secondaire.

Est-il bien vrai que la solution du problème ne soit fondée que sur des probabilités, et que l'induction ne puisse atteindre ici la certitude? Notre auteur n'est-il pas la dupe d'un scrupule de méthode? scrupule mal fondé, car la méthode d'observation nous livre ici tout ce qu'on peut lui demander. Sans doute il ne nous est pas donné de surprendre dans son origine et dans sa première manifestation dans l'âme de l'enfant la faculté dont il est ici question; mais avons-nous besoin de remonter si haut, et d'épier les signes équivoques de la sensibilité naissante pour affirmer, sans crainte de nous tromper, que c'est une faculté native? Dans notre état actuel nous sentons le beau; c'est un fait incontestable et admis par Brown comme par nous; ce point accordé nous suffit, nous pouvons en conclure, sans avoir rien à craindre du doute et du scepticisme, que la faculté esthétique est un principe constitutif de notre nature; car, s'il n'en est pas ainsi, il est nécessaire qu'elle vienne ou de l'habitude ou de l'éducation. Hutcheson a fait justice de la coutume, de l'éducation ou de l'exemple. Nous reproduirions ici ses arguments, s'il ne leur avait donné en longueur ce qui leur manque en précision. On peut, d'une manière plus directe et plus simple, démontrer l'impuissance de l'habitude et de l'éducation à rien créer dans l'homme : qu'est-ce en effet que l'habitude? une tendance à reproduire certaines actions que la répétition rend plus faciles : elle est le résultat d'une série d'actes antérieurs. Or, si le goût résulte de l'habitude, il résulte de chacune des parties de la série qui la constitue, de la première aussi bien que de la seconde et de la troisième, etc.; mais il ne peut résulter de la première, puisque l'habitude n'est pas encore formée, ni de la seconde, puisque la première étant ôtée, elle cesse d'être la seconde pour commencer elle-même la série; il en est de même de la troisième et du reste; il est donc absurde de supposer que l'habitude puisse créer en nous une faculté quelconque. L'éducation n'est pas moins impuissante, puisque son effet est de produire l'habitude.

Le sens du beau ne vient donc ni de l'éducation ni de l'habitude. Il ne doit pas non plus son origine aux circonstances accidentelles dont nous a parlé Brown, car celles-ci se résument toutes dans l'association qui n'agit que par l'intermédiaire de la mémoire, du jugement et de la généralisation, et ces trois opérations n'appartenant qu'à l'esprit, il est évident qu'on ne peut rapporter le fait esthétique qu'à la sensibilité. D'ailleurs, c'est à cette faculté que Brown le rapporte expressément; or la conscience nous atteste que le sentiment du beau diffère de tous les autres phénomènes sensibles. Nous avons donc une faculté *primitive,* distincte de la sensibilité soit physique, soit morale, en un mot un *goût naturel* auquel nous rapportons nos plaisirs esthétiques.

« Il y a, dit Pascal, un modèle d'agrément et de beauté, qui consiste en un *certain rapport entre notre nature faible ou forte,* telle qu'elle *est, et la chose qui nous plaît.* Tout ce qui est formé sur ce modèle nous agrée, maison, chanson, discours, vers, prose, femme, oiseaux, rivières, arbres, chambres, habits; tout ce qui n'est pas sur ce modèle déplaît à ceux qui ont le goût bon. »

L'erreur de Brown est d'autant plus regrettable

que cette incertitude sur l'existence d'un goût naturel l'a peut-être empêché de songer à poser les principes qui doivent présider à la reproduction du beau par l'*art*.

Mais ces omissions et les autres imperfections que nous avons signalées dans cette partie du cours sont jusqu'à un certain point compensées par des beautés d'un autre ordre : quelles hautes et salutaires pensées, par exemple, ne suggère pas le passage suivant, que nous allons traduire pour donner une idée de l'esprit qui présidait à son enseignement. « Le sujet qui vient de nous occuper, dit-il, touche à ce que l'esprit et le cœur peuvent concevoir et sentir de plus grand et de plus noble. En le traitant ici, mon désir était de faire naître en vous, chaque fois que l'occasion s'en présentait, ces sentiments qui me semblent beaucoup plus nécessaires pour votre bonheur que pour votre instruction même. C'était mon désir aussi, je l'avoue, d'accoutumer vos esprits à ce genre de réflexion qui donne à la philosophie, déjà si utile en elle-même, une importance plus grande encore, celle de conduire à la vertu par les sentiments qu'elle inspire. Je voulais réveiller fréquemment dans vos âmes ces grandes idées de la société morale dont vous faites partie, des devoirs que vous avez à y remplir, et de cet Être éternel qui vous y a placés. Voilà ce qui s'offrait à vous dans ces études où d'autres esprits peut-être n'auraient songé qu'aux ressemblances ou aux différences des phénomènes, à leurs dénominations diverses, aux solutions différentes des philosophes et aux commentaires de leurs disciples de tous les temps et de tous les pays. Je suis certain d'une chose au moins, c'est que vous n'aurez ni moins d'exactitude ni moins de finesse dans l'observation et l'analyse des phénomènes eux-mêmes, pour avoir cherché en eux quelque chose de plus que ce que pourrait y trouver un simple analyste qui porterait dans l'étude des affinités morales la même froideur que dans celle des affinités d'un sel ou d'un métal ; et quand bien même (supposition absurde) ce mode de réflexion aurait amoindri vos facultés inventives, il n'est pas douteux que, si vous avez appris à penser aux hommes avec plus d'estime et d'amour, à Dieu avec plus de reconnaissance et de vénération, vous n'ayez, par cette amélioration de vos sentiments, gagné infiniment plus que vous ne l'auriez fait par de profondes découvertes qui n'auraient abouti qu'à augmenter vos connaissances (1). »

Outre la grandeur du sentiment moral et l'expression de tout ce qu'il y a de grand et de géné-

(1) Leç. 78.

reux parmi les hommes, cette partie du cours de Brown possède encore d'autres mérites incontestables ; car, si elle pèche par la base et dans son ensemble, elle est admirable dans les détails. Chacune des *émotions* des trois grandes catégories est analysée dans ses éléments constitutifs, ramenée jusqu'à un certain point à sa source, décrite dans ses effets et considérée dans ses causes finales. Chaque partie forme un tout, à part sans doute, mais complet. C'est une série de tableaux brillants, un magnifique assemblage de peintures de mœurs où l'auteur a su allier à la finesse et à la profondeur du philosophe le coloris du poëte, le feu de l'orateur et l'élévation du moraliste.

DEUXIÈME PARTIE

ÉTHIQUE

INTRODUCTION

Brown, comme nous l'avons déjà dit, se proposait de traiter successivement de la psychologie, de la morale, de la théodicée et de l'économie politique. Mais sa mort prématurée l'ayant empêché d'aborder la philosophie sociale, et la théodicée, avec tout ce qui s'y rattache, se trouvant enclavée dans la morale, son cours ne se compose en réalité que de deux parties : la *physiologie* de l'esprit humain, dont nous venons de parler, et l'*éthique,* dont nous allons nous occuper. Sous ce dernier chef viendront se ranger, dans l'ordre même suivi par l'auteur, toutes les questions qui se rapportent à l'existence et aux attributs de Dieu, à la spiritualité et à l'immortalité de l'âme.

CHAPITRE PREMIER

MORALE GÉNÉRALE

Puisque l'objet de la morale générale est de déterminer la nature et l'origine de l'idée du *devoir*, nous interrogerons sur ces deux points la doctrine de Brown.

Examinant d'abord les caractères dont il a marqué la notion du devoir, puis les facultés ou la faculté d'où il la dérive, nous signalerons les différences qui le séparent de ses devanciers sur ce point comme sur les autres.

Brown constate d'abord la réalité du phénomène moral. « Dans l'action des objets inanimés, dit-il, nous ne voyons qu'une chose : le bien ou le mal physique ; dans les actes des êtres doués d'une volonté, au contraire, le résultat matériel n'est point la seule chose qui nous frappe : nous considérons, en outre, l'intention qui les a dirigés. Chaque fois qu'un agent nous apparaît comme ayant voulu le bien ou le mal particulier qu'il a fait, il se produit en nous, d'une manière immédiate, certaines émotions d'une nature particulière ; ce sont des sentiments d'*approbation* ou de *désapprobation* morale ; si nous sommes persuadés que l'intention de l'agent était de produire le bien ou le mal, son action ne nous apparaît pas seulement comme utile ou nuisible, mais encore comme moralement bonne ou mauvaise (1). »

Ce sentiment *immédiat* d'approbation ou de désapprobation a un autre caractère plus impor-

(1) Leç. 73.

tant encore : il est *simple* et *irréductible;* Brown regarde comme imaginaires les éléments dans lesquels il a été décomposé par certains philosophes; et c'est en cela qu'il diffère de Reid et de Stewart surtout.

On sait que ce dernier trouve dans le principe moral trois faits distincts : « 1° la perception d'une action, comme bonne ou mauvaise; 2° le sentiment de plaisir ou de peine plus ou moins vif, qui la suit; 3° la perception du mérite et du démérite de l'agent (1). »

Pour Brown, au contraire, le principe moral est tout à fait indécomposable; et la raison par laquelle il le prouve est aussi simple que profonde : si les idées d'obligation, de vertu et de mérite ont paru distinctes à certains philosophes, c'est, selon lui, qu'ils ont considéré une seule et même action à différents points de vue : comme devant être accomplie, comme l'étant actuellement, et comme l'ayant été; cette diversité de rapports dans le temps lui paraît seule avoir causé l'illusion de ces auteurs; et il réduit les idées de vertu, de devoir et de mérite à une *émotion* unique et simple, à laquelle il donne, comme nous l'avons vu, le nom d'approbation et de désapprobation morale. En vain voudrait-on objecter à Brown

(1) *Esquisses de philosophie morale*, p. 88; trad. Jouffroy.

qu'identifier ainsi ces notions, c'est confondre l'*approbation* avec le plaisir qui l'accompagne, le principe avec la conséquence, la loi avec sa sanction ; il sera toujours évident que, si certaines actions nous paraissent les unes moralement bonnes, les autres moralement mauvaises ; si nous nous croyons obligés de faire celles-ci et de ne point faire celles-là ; si, après les avoir accomplies, nous nous croyons dignes d'estime ou de mépris, de récompense ou de châtiment, c'est toujours en vertu d'un seul et même principe qui sert de fondement à toute distinction morale.

La théorie de Brown a un autre mérite bien grand qu'on ne saurait lui refuser : c'est d'avoir nettement indiqué, et heureusement évité le danger des abstractions réalisées, et d'avoir montré par son exemple la nécessité de ne s'attacher, en pareille matière, qu'à la réalité et à la vie. On sentira mieux l'importance de cette précaution, si l'on songe à l'inintelligible logomachie de certains métaphysiciens qui nous parlent de lois, de vertu, de mérite, d'obligation et d'actions considérées indépendamment des faits, des agents, et en un mot du sujet et de l'objet, et qui par là ont été amenés à distinguer des actions « absolument bonnes et relativement mauvaises. » Si, évitant le danger des abstractions réalisées, ils avaient vu qu'une action n'est rien en dehors de l'agent, et que ces mêmes actions, diversement qualifiées par eux, étaient au fond des actions tout à fait différentes, c'est-à-dire des agents placés dans des circonstances différentes, ils eussent compris que ce qui est relativement bon est bon absolument, et leurs doctrines n'eussent point contribué à jeter dans certains esprits peut-être l'incertitude sur les vérités les plus évidentes que la main divine ait gravées en nos âmes : les révélations de la conscience. Nous montrerons dans la suite la supériorité, sous ce point de vue, du système de Brown sur le système auquel nous venons de faire allusion. Achevons d'abord l'exposition de sa doctrine.

Un troisième caractère du *sentiment* moral, c'est d'être *primitif;* c'est-à-dire qu'il n'existe aucun principe qui lui soit antérieur (1).

(1) Dire d'une action qu'elle est moralement bonne ou mauvaise, et dire de la personne qui l'a faite, qu'elle mérite ou démérite, c'est dire exactement la même chose. Nous ne partageons donc pas l'opinion de ces auteurs qui, dans leurs théories morales, ont essayé de faire d'une question unique plusieurs questions différentes qu'ils ont encore divisées indéfiniment. Toutes leurs distinctions verbales n'ont abouti qu'à leur faire prendre pour des réalités des rapports d'un sentiment unique et simple à différents objets.

Lorsque nous sommes témoins de certaines actions, ou que nous en entendons le récit, nous éprouvons à l'instant des sentiments d'une vivacité particulière; l'agent nous apparaît comme vertueux ou vicieux, digne d'estime ou de mépris. Son action,

Tel est le principe de la moralité : il est primitif, immédiat et simple. Ces trois caractères supposent et renferment tous les autres, l'univer-

disons-nous, est moralement bonne ou mauvaise, et lui-même digne de récompense ou de châtiment. Mais ces appréciations morales de l'action et de l'agent sont-elles fondées sur des sentiments différents? Ou bien voulons-nous dire simplement que l'agent, en accomplissant cette action, excite en nous un sentiment d'approbation ou de désapprobation morale, et que tout autre, en pareil cas, accomplissant la même action, c'est-à-dire voulant, dans des circonstances semblables, produire la même somme de bien ou de mal, pour le bien et le mal lui-même, exciterait en nous un sentiment d'approbation dans le premier cas et d'improbation dans le second? L'action, à vrai dire, ne peut avoir aucune qualité qui ne doive être attribuée à l'auteur, puisqu'au fond l'action n'est rien en elle-même, si ce n'est l'ensemble des circonstances où s'est trouvé placé l'agent que nous voyons ou que nous nous représentons. La vertu, en tant que distincte de la personne vertueuse, n'est qu'un mot, aussi bien que le vice, en tant que distinct de l'agent vicieux. L'action, pour qu'elle soit quelque chose de plus qu'un mot insignifiant, doit être prise pour un certain agent placé en certaines circonstances, voulant et produisant un certain effet; et l'émotion, quelle qu'elle soit, qui est excitée en nous par une action, est en fait, et ne peut pas ne pas être une émotion excitée par un agent réel ou supposé. Nous pouvons parler de devoir, de vertu, de convenance, de mérite, etc.; nous pouvons les attribuer diversement à l'action ou à l'agent; mais, soit que nous parlions de l'un ou de l'autre, nous ne voulons jamais dire qu'une chose, savoir : qu'un certain sentiment d'approbation morale a été excité en notre âme par la vue de la production volontaire, dans des circonstances données, d'une certaine somme de bien. Lorsque nous nous demandons à nous-mêmes : Est-ce là ce que nous salité, par exemple, et l'immutabilité; car s'il est vrai que le sentiment moral soit un fait primitif, et qu'il fasse partie de notre constitution

devons faire? nous ne nous faisons point deux questions différentes : d'abord, si l'action est moralement bonne, et puis, si nous n'aurions pas du mérite à faire ce qui est bien, et du démérite à faire ce qui est mal; ce que nous cherchons, c'est de nous assurer si, en agissant, nous exciterons dans les autres un sentiment d'approbation ou de désapprobation, et si nous-mêmes nous éprouverons un sentiment analogue de satisfaction ou de douleur morale. Selon la réponse suggérée par la conscience, et dictée par un sentiment unique d'approbation ou de désapprobation, nous avons l'apperception immédiate et de ce que nous devons faire et de ce que nous ne devons pas faire; et, cela connu, nous n'avons plus rien à examiner touchant la moralité de l'action projetée, ni à rechercher s'il y aura mérite ou démérite à faire ce qui nous aura paru moralement bon ou mauvais.

L'obscurité qui enveloppe les théories morales provient en grande partie, je n'en doute pas, de distinctions qui ont paru à ceux qui les ont faites le résultat d'une analyse fine et exacte, mais dans lesquelles l'analyse ne portait que sur des mots, ou du moins ne se rapportait qu'aux circonstances changeantes de l'action, et non pas au sentiment moral que l'action faisait naître en certaines circonstances particulières. Qu'est-ce qui fait qu'une action est vertueuse? Qu'est-ce qui constitue l'obligation morale d'accomplir certaines actions? Ces questions ont été considérées comme des questions essentiellement distinctes; et les philosophes, se croyant obligés de faire à toutes des réponses différentes, se sont embarrassés dans des difficultés créées par eux-mêmes; en cherchant à découvrir ce qui ne pouvait être découvert, ils sont quelquefois tombés dans un scepticisme qu'autrement ils eussent évité; ou bien, en créant intelligence, il est évident qu'il doit se produire toujours le même partout où il y aura des hommes. Brown consacre même une leçon tout entière

un si grand nombre de distinctions insignifiantes, ils ont fourni des armes au doute et à la plaisanterie. Une seule proposition a été convertie en une foule de propositions, prouvées réciproquement l'une par l'autre. Pourquoi telle action particulière est-elle méritoire? Parce qu'elle est vertueuse; et pourquoi l'est-elle? Parce que, dans les circonstances données, il était du devoir de l'agent de l'accomplir; et pourquoi était-ce son devoir d'agir ainsi? Parce qu'il y était moralement obligé, et pourquoi y était-il obligé? Parce que, s'il s'était abstenu, il eût violé son devoir, et qu'il se fût rendu indigne de notre approbation. Dans ce cercle sans fin nous pourrions tourner toujours, sans jamais avancer d'un pas. Nous aurions, il est vrai, l'air de raisonner, mais nous n'aurions pas d'autre résultat; nos réponses, répétant la même chose en termes différents, auraient chacune besoin d'une preuve ou n'en exigeraient aucune. Être méritant, vertueux, avoir agi conformément au devoir, à l'obligation, tout cela se ramène à une émotion unique de l'âme, à ce sentiment d'approbation qui accompagne la vue des actions vertueuses. Toutes ces expressions ne sont, comme je l'ai dit, que des manières différentes de constater un fait unique et simple, savoir : que, dans un cas particulier, la vue d'une personne agissant comme nous aurions agi nous-mêmes, excite en notre âme un sentiment d'approbation morale.

Cette simple proposition est la seule à laquelle nous aboutissons toujours dans nos jugements moraux, quelles que soient d'ailleurs les distinctions qu'il nous plaise d'établir. Nous approuvons telle action; nous désapprouvons telle autre : pour exprimer ces deux états de l'âme, nous pouvons employer des mots différents, et les appliquer soit à l'acte, soit à l'agent; mais la différence des termes n'est fondée que sur la différence des temps dans lesquels nous considérons l'action, selon qu'elle à la réfutation de certains systèmes licencieux qui nient l'invariabilité des distinctions morales et ne les considèrent que comme les produits

est projetée, accomplie ou en voie d'exécution. Agir de telle manière, c'est être vertueux; avoir agi de telle manière, c'est être méritant; penser à l'action et à ses conséquences, c'est avoir le sentiment du devoir ou de l'obligation morale. La seule différence que nous puissions concevoir en ce cas, c'est une différence de temps : considérée dans le présent, l'action nous paraît vertueuse; considérée dans le passé, elle nous paraît digne de récompense; considérée dans l'avenir, elle nous paraît obligatoire. Il est impossible d'imaginer une autre différence.

Pourquoi tel acte nous semble-t-il vertueux? Pourquoi l'agent nous paraît-il digne de récompense, ou, en d'autres termes, digne de notre approbation? Pourquoi, lorsqu'il s'agit de faire cette action, la regardons-nous comme un devoir? Pourquoi nous sentons-nous obligés de l'accomplir? La seule réponse que nous puissions faire à ces questions est la même pour toutes : c'est qu'il nous est impossible de penser à la réalisation de cet acte, sans sentir qu'en l'accomplissant, nous obtiendrions l'estime de nous-même et l'approbation des spectateurs, et qu'en ne l'accomplissant pas, nous nous attirerions les reproches de notre propre conscience et le blâme de nos semblables. Sans doute il est facile de remonter d'un degré ou deux, et de dire que nous considérons cette action comme méritoire, parce qu'elle tend au bien général, ou parce que c'est la volonté manifeste du Ciel qu'elle soit accomplie; mais il est évident qu'une pareille réponse ne nous fait faire qu'un pas de plus ou deux, et que les mêmes questions nous pressent toujours avec la même force. Pourquoi est-il méritoire, vertueux ou obligatoire de faire ce qui tend au bonheur universel, ou ce qui paraît être la volonté de Dieu? Ici, comme plus haut, nous n'avons encore qu'une seule et même réponse à faire : aux mots vertu, obligation, mérite, nous ne pouvons attacher d'autre sens que celui qui nous est changeants de circonstances accidentelles. Toutefois, en rétablissant l'autorité de la conscience contre les auteurs et les complices de cette triste philosophie, il se garde bien de donner dans l'exagération de certains philosophes qui, en voulant trop prouver, n'ont fait, dans leur zèle imprudent, que compromettre des vérités qui n'ont pas besoin des vains subterfuges du rainement pour être entendues partout et toujours, et pour conserver, même dans les cœurs les plus dépravés, leur évidence et leur inviolabilité. L'universalité du sentiment moral est un fait incontestable, mais cependant il n'échappe pas à l'influence de certaines circonstances accidentelles qui peuvent, non pas l'étouffer, mais l'empêcher parfois de naître.

Parmi ces circonstances, Brown en énumère

suggéré par le sentiment irrésistible d'approbation qui naît en nous à la vue de l'action particulière. Le sentiment dont il s'agit est une émotion simple qui ne paraît complexe que parce que nous avons pris l'habitude de considérer les actions et leurs circonstances, abstraction faite de l'agent. En effet, ce que nous ne pouvons ressentir que pour les personnes, nous l'appliquons aux abstractions de notre esprit : à l'action, comme à quelque chose de distinct de l'agent, nous attribuons une sorte de vertu indépendante du mérite personnel de ce dernier; et à ses déterminations volontaires avant l'action, comme à quelque chose d'également distinct de lui-même, nous attachons l'idée d'obligation morale, comme antérieure à l'action. (*Leç.* 73.)

trois : 1° les passions extrêmes, 2° la complexité de certaines actions, 3° l'association.

Il n'est que trop vrai sans doute que la violence des passions parvient quelquefois à donner le change à la conscience; mais peut-on conclure de là que les distinctions morales soient arbitraires? Si cette conséquence était légitime, il faudrait en dire autant des axiomes mathématiques, puisqu'en certaines occasions, l'esprit est tellement aveuglé qu'il est tout à fait incapable d'en percevoir l'immuable vérité.

Les fleuves et les montagnes, a dit Pascal, sont à la fois les limites des empires, des vertus et des vices; et l'on a conclu de là que l'approbation et la désapprobation morale changent avec les temps et avec les lieux. On apporte même des exemples particuliers; il en est un qui depuis longtemps est en possession de servir de base à ces redoutables objections; c'est le vol flétri partout ailleurs, mais en honneur à Sparte. A cet exemple on pourrait ajouter le meurtre des vieillards permis chez certaines tribus sauvages; mais si l'on avait voulu se donner la peine d'examiner la nature de ces actions, on eût vu que leur complexité était la cause pour laquelle elles étaient différemment appréciées, et que ces exceptions apparentes, loin d'être en contradiction avec la règle immuable de la conduite humaine, ne faisaient que la confirmer. En effet, ces habitudes ayant leur bon et leur mauvais côté, on fermait les yeux sur le mal qu'elles renfermaient pour ne considérer que le bien qui en résultait. Ainsi la législation de Lycurgue permettait le vol à la jeunesse lacédémonienne ; mais c'était afin qu'elle pût s'exercer à la hardiesse, à la vigilance et à certaines vertus nécessaires à une république guerrière. Les citoyens permettaient ces atteintes à la propriété, à laquelle ils n'attachaient pas du reste la même importance que les autres peuples; ils accordaient même leurs éloges au ravisseur habile, mais ce qu'ils admiraient en lui, ce n'était pas le vol en lui-même ; ils le flétrissaient, au contraire, lorsqu'il n'avait pas atteint le résultat utile prévu par la loi.

La troisième influence que subit l'approbation morale, est celle de l'association. Ici nous nous servirons des paroles mêmes de Brown, afin de donner enfin une juste idée du rôle que l'association joue dans sa doctrine, et afin de réfuter une dernière fois les critiques de W. Makintosh, lequel, dans son *Histoire de la philosophie morale*, a prêté à notre auteur des opinions non-seulement fausses, mais encore diamétralement opposées à celles qu'il professait.

« Ce qui paraît en troisième lieu, dit Brown,

modifier quelquefois nos sentiments moraux, c'est l'influence de l'habitude et de l'association en général. Elle transporte à des actes particuliers les émotions qui se sont associées à la pensée de toute une classe d'actions dans laquelle ces actes ont pu être rangés ; ou bien elle modifie les sentiments d'un individu, en vertu de certaines circonstances qui lui sont particulières. Il est doux, par exemple, d'aimer ceux qui nous entourent, et surtout nos amis, et ceux à qui nous devons l'existence ; et non-seulement il est doux de les aimer, mais nous sentons encore que c'est pour nous un devoir de le faire. Ce sentiment se mêle à l'appréciation de la conduite de ceux que nous aimons ; et c'est ainsi que l'association opère. Elle n'a point pour effet d'amoindrir notre haine pour le mal, mais elle tempère cette haine par l'amour que nous portons à l'agent ; en un mot, c'est le bien mêlé au mal que nous aimons, et non point le mal en lui-même (1). »

Tel est au juste le rôle que Brown fait jouer à l'association. Il y a loin de là à prétendre, comme le fait W. Makintosh, qu'il « applique hardiment le principe de suggestion ou d'association à cette partie de la nature humaine, et qu'il semble incliner à y rapporter la sympathie elle-même (2). »

---

(1) Leç. 75.
(2) *Hist. de la philos. mor.*; trad. H. Poret, *p.* 388.

Nous ne pousserons pas plus loin la défense de Brown. D'ailleurs, les attaques de son adversaire ne peuvent pas être prises au sérieux; et ce serait juger très-favorablement ce que ce dernier appelle l'*exposition* de la doctrine de Brown, que de dire qu'elle est, comme la plupart de ses critiques des autres philosophes, on ne peut plus superficielle.

En résumé, l'association, la complexité des actions, la violence des passions, voilà les trois influences qui modifient le principe moral, dans ses applications particulières quelquefois, mais dans son essence jamais; car sa nature est de rester inaltérable, puisqu'il est *universel, immuable, simple, immédiat* et *primitif*.

Connaissant sa nature, cherchons maintenant à quelle faculté Brown rapporte son origine.

Puisqu'il range ce principe dans la classe des *émotions*, il est d'abord évident qu'il le rapporte non à la *raison*, mais à la sensibilité. En effet, les émotions morales ressemblent, selon lui, plutôt à l'amour et à la haine qu'à la perception et au jugement (1).

---

(1) Un grand nombre d'auteurs rapportent nos sentiments moraux à la raison ou au jugement. D'après eux, c'est la raison qui, mesurant la convenance de nos actions, les approuve ou les désapprouve, selon qu'elles paraissent propres ou non à produire un résultat désiré. La vérité est que les mots approbation et désapprobation morale que j'ai été forcé d'employer, parce

La perception, la conception et le jugement, sans doute, précèdent et font naître l'émotion ; mais ce qu'il y a de vraiment moral dans le phénomène, c'est le *sentiment*, c'est l'*émotion*.

que l'usage les consacre, et que la pauvreté de la langue n'en fournit pas d'autres, sont des termes tout à fait impropres à exprimer la force et la vivacité des sentiments qu'ils désignent. Les émotions morales ressemblent plutôt à l'amour et à la haine qu'à la perception ou au jugement. Ce que nous appelons approbation morale est une espèce d'amour moral, quand l'action est celle d'un autre, et une sorte de satisfaction morale, lorsque l'action a été faite par nous; elle n'est rien de plus; elle n'est point le résultat d'un exercice de la raison découvrant les convenances des actions et jugeant de leur aptitude relative à produire le bonheur ou le malheur. L'exercice du jugement peut, il est vrai, précéder l'approbation morale, se combiner avec elle, et lui communiquer une vivacité plus ou moins grande; mais même alors, celle-ci en est tout à fait distincte; car, quand bien même nous n'aurions pas été ce que nous sommes, c'est-à-dire des êtres moraux, naturellement enclins à vouloir du bien à nos semblables et ressentant une émotion délicieuse à la vue des actions qui tendent au bonheur du genre humain, nous n'en eussions pas été peut-être moins capables que maintenant de juger de la *propriété* des actions à produire le bien-être ou la misère. Quelle que soit la faculté qui nous fait prévoir les conséquences possibles des actions, le principe moral dont nous parlons est la source unique des émotions qui naissent en nous à la vue de ces actions et de leurs résultats. Le jugement peut bien calculer et mesurer les différents degrés de convenance et d'utilité, mais il n'engendre pas l'émotion morale, pas plus qu'il n'engendre les convenances elles-mêmes. Lorsque nous parlons de l'approbation morale d'une action, nous pouvons sans doute renfermer dans la compréhension de ces mots les deux éléments

Tel est le rôle que Brown assigne à la raison dans la production des phénomènes moraux. Sa théorie n'a donc rien à voir avec les systèmes *rationnels* proprement dits; elle doit même être regardée comme une réaction contre le semi-rationalisme de Reid et de Stewart, et comme une sorte de réhabilitation des doctrines plus anciennes de Shaftesbury, de Butler, de Hutcheson, de Smith et de Hume.

En effet, à l'exemple de ces auteurs, c'est à notre nature sensible qu'il rapporte l'origine de nos idées du bien et du mal; c'est dans la classe des sentiments ou, comme il s'exprime lui-même, dans la classe des *émotions*, qu'il range les phé-

divers dont nous parlons, c'est-à-dire le jugement sur la propriété de cette action à produire le bien personnel ou général, et l'espèce d'amour moral que cette action bienfaisante fait naître en nous; mais il ne faut pas oublier que le phénomène affectif seul constitue le principe moral dont nous étudions la nature. Le jugement sur les conséquences futures des actions n'est qu'une opération purement intellectuelle; c'est pourquoi, dans ma classification des phénomènes de conscience, j'ai rangé les faits moraux dans la catégorie des émotions; car, quoique nous ayons l'habitude de parler de jugements moraux, les opérations que nous désignons par ces termes, ne renferment pas seulement l'émotion vive qui seule constitue le fait moral, mais encore le jugement sur la convenance et les propriétés de l'action, lequel, en tant que phénomène de l'entendement, a précédé et fait naître l'émotion. Mais, rigoureusement parlant, ce qu'il y a de vraiment moral dans ce phénomène complexe, c'est l'émotion, et l'émotion seule. (*Leç.* 82.)

nomènes de l'approbation et de la désapprobation morale. Pour lui, comme pour Hutcheson, par exemple, il existe en nous trois tendances naturelles qu'il est impossible de confondre : l'amour de soi, la bienveillance, et l'instinct moral, qui nous poussent, le premier à notre bonheur personnel, le second au bonheur de nos semblables, et le troisième à la satisfaction de nos besoins moraux, abstraction faite de tout intérêt soit particulier soit général. Toutefois s'il emprunte quelque chose à la théorie de son devancier, il ne lui emprunte du moins que ce qu'elle contient de vrai; il laisse de côté l'hypothèse d'un *sens moral*, et par là il échappe aux conséquences sceptiques qui en découlent, du moins au point de vue des cartésiens, qui refusent l'objectivité à la plus grande partie des phénomènes sensibles.

Brown a un autre avantage sur le philosophe irlandais. Ce dernier nous laisse incertains sur la véritable origine du principe moral; il le rapporte tantôt à la sensibilité, tantôt à la raison; à la sensibilité, puisqu'il fait l'hypothèse d'un *sens moral;* à la raison, puisqu'il admet je ne sais quelle essence particulière qui s'ajoute aux actions et qui s'en sépare, et qu'il appelle *bonté morale*, laquelle a beaucoup d'analogie avec la prétendue qualité originelle et irréductible de la *beauté* dont il parle dans son esthétique. Cette confusion, augmentée encore par son habitude constante de réaliser des abstractions, a rendu sa pensée souvent incertaine et quelquefois contradictoire.

Brown a su dissiper, autant qu'il est possible de le faire dans un système incomplet, l'obscurité qui planait sur les premières ébauches du *sentimentalisme*. Grâce, sans doute, aux vives lumières que Hume a répandues sur les questions morales, il a corrigé la théorie sentimentale dans ce qu'elle avait de défectueux, et il lui a donné toute la perfection dont elle est susceptible.

Si le sentimentalisme consiste surtout à maintenir que la raison est incapable de nous donner l'idée du devoir et d'exercer aucune action morale sur la volonté, c'est, à coup sûr, de Hume et de Brown que sur ce point il a reçu toute la netteté et toute la précision qu'il possède aujourd'hui. Mieux que leurs prédécesseurs, ces deux philosophes ont assigné à la raison et au sentiment leur rôle dans l'acquisition de nos idées morales, et ils l'ont expliqué avec toute la vérité que comportaient leurs principes erronés touchant les facultés de l'esprit humain. Selon Hume, la raison ne peut intervenir que dans l'appréciation du but, des moyens et des résultats d'une action morale ; et, selon Brown, qui s'exprime à peu près dans les mêmes termes, elle ne peut que constater les circonstances où se trouve placé l'agent, et calculer les conséquences matérielles de son action; tout à fait incapable d'acquérir *a priori* la notion du bien moral, elle la reçoit du sentiment.

Brown termine l'exposition de sa doctrine par une critique détaillée des principaux systèmes antérieurs au sien. Cette partie de son cours est peut-être une des plus belles et des plus instructives; il expose et discute avec finesse et profondeur les théories de Hobbes et de Mandeville, de Clarke et de Wollaston, de Paley, de Hume, de Hutcheson et de Smith (1). L'examen de ces différents systèmes offre partout des modèles de discussion philosophique, fondée non sur de vaines abstractions, mais sur l'exacte observation des faits. Cependant ici on peut reprocher à l'auteur un défaut : c'est de n'avoir point essayé l'énumération et la classification des solutions diverses du problème moral, ni de tous les systèmes possibles sur cette importante question.

Nous avons recherché dans Brown les caractères et l'origine du principe moral. Nous avons essayé de fixer sa place parmi les philosophes moralistes. Nous avons vu ce que sa doctrine a de vrai. Il ne nous reste plus qu'à montrer l'application qu'il faut faire du principe moral,

---

(1) Leç. 75 à 82.

dans les différentes circonstances où l'homme peut se trouver placé.

CHAPITRE DEUXIÈME

MORALE APPLIQUÉE

La conscience morale est infaillible sans doute; car la moralité ne sort pas de la sphère des déterminations volontaires et libres; mais, si l'intention suffit pour légitimer moralement tous les actes, elle peut, dans l'accomplissement de la loi obligatoire, se tromper et sur les moyens et sur les résultats. Ce n'est donc pas assez d'avoir étudié dans sa nature et dans son origine le principe qui sert de base à la morale. Le mobile étant connu, il faut dire à quoi il s'applique et vers quoi il tend; en d'autres termes, il faut énumérer tous les objets de l'approbation morale; c'est-à-dire qu'à l'étude du devoir doit succéder l'étude des devoirs, à la morale générale la morale appliquée.

Enumérer, en les subordonnant, tous les devoirs généraux et particuliers qui s'imposent à l'homme, suivant les circonstances générales et particulières dans lesquelles il peut être placé, voilà l'objet de la morale appliquée.

D'après les relations diverses que l'homme soutient avec tout ce qui l'entoure, Brown, se conformant à la division généralement adoptée, reconnaît trois grandes classes de devoirs : devoirs de l'homme envers ses semblables, envers Dieu, et envers lui-même.

I. — *Morale sociale.*

Division des devoirs envers autrui. « Nos devoirs généraux envers tous nos semblables peuvent se réduire à deux grandes classes : les uns négatifs, les autres positifs. Ceux-là consistent à s'abstenir de tout ce qui peut nuire aux autres, ceux-ci à s'occuper activement de leur bonheur. Les devoirs de la première classe, ou du moins le plus grand nombre, sont compris sous la dénomination de justice, ceux de la seconde, sous la dénomination de bienveillance. » (*Leç.* 83.)

1° Justice. Elle consiste à ne point nuire au prochain ; or, comme nous pouvons l'attaquer dans sa personne, dans sa propriété, dans l'affection de ceux qui l'aiment, dans sa réputation, dans ses croyances, dans sa vertu et dans sa tranquillité d'esprit, l'auteur traite successivement :

1° Du meurtre. (*Leç.* 83.)

2° Du vol. (*Ibid.*) Sous ce chef Brown examine et pose les principes de la propriété, qu'il considère comme la base de toute institution civile et politique et comme la condition de tout développement social.

3° De l'adultère. (*Leç.* 84.)

4° De la médisance et de la calomnie. (*Ibid.*)

5° De la véracité. (*Ibid.*)

6° De la séduction, directement par les discours et indirectement par les mauvais exemples. (*Leç.* 85.)

7° Du plaisir malin ou du manque de tact qui, par des allusions préméditées ou maladroites, rappellent des souvenirs fâcheux ou éveillent des prévisions capables de troubler la paix intérieure de l'âme. (*Ibid.*)

8° Bienveillance. « C'est la nature qui a mis la bienveillance dans le cœur de l'homme; ce généreux penchant a le double caractère de nous faire désirer le bonheur de tous, et de parler à la conscience avec toute l'autorité du principe moral, en nous imposant comme devoirs les actes d'une importance et d'une utilité véritables. » (*Leç.* 86.)

Les hommes peuvent être considérés comme membres de la famille, de la société civile et de la société humaine, et sont par conséquent unis entre eux par les liens de la parenté, de l'amitié, de la bienfaisance, des conventions, de la police et de l'humanité.

A ces relations correspondent autant de devoirs

différents, que Brown expose suivant leur importance respective :

1° Devoirs des époux entre eux, des parents envers leurs enfants, des enfants envers leurs parents, et enfin des enfants entre eux. (*Leç.* 88.)

2° Devoirs d'amitié. (*Leç.* 89.)

3° Devoirs de reconnaissance. (*Ibid.*)

4° Devoirs d'honneur et de probité dans les conventions et dans les contrats. (*Leç.* 90.)

5° Devoirs des citoyens. (*Leç.* 90-91.) Dans ces deux leçons l'auteur s'élève à de hautes considérations sur la nature, le but et les bases du gouvernement, sur la fiction d'un prétendu contrat social, sur les limites du pouvoir, et enfin sur le droit de résistance à l'oppression, droit imprescriptible et qui devient, en certaines circonstances, un devoir sacré que la lâcheté décline, mais que la vertu courageuse embrasse en gémissant, mais avec une sainte intrépidité.

6° Enfin devoirs d'humanité.

Dans toute cette partie du cours, Brown ne dit presque rien qui le distingue des autres philosophes; et nous avons dû nous borner à une simple énumération des matières.

Il est cependant un point sur lequel il diffère de certains moralistes : c'est qu'il considère tous les devoirs de bienveillance comme des devoirs stricts.

« En traitant des devoirs, je me suis abstenu

à dessein de parler de ce qu'on appelle communément des droits; et cela pour la meilleure des raisons : c'est que *devoir* et *droit*, au sens strict des mots, sont, en morale du moins, choses corrélatives. L'un est l'exacte mesure de l'autre : s'il est de mon devoir de rendre un service à quelqu'un, c'est le droit de celui-ci de l'obtenir de moi. Il n'y a qu'une émotion morale, qu'un sentiment d'approbation qui constitue pour la conscience le droit ou le devoir, selon que, dans la considération d'un acte quelconque, nous pensons à celui qui en est l'auteur, ou à celui qui en a été l'objet. Il ne s'agit pas ici de la force que la sanction légale ajoute à certains devoirs particuliers, force qu'il peut être utile d'étendre ou de restreindre à volonté; il n'est ici question que des devoirs moraux; or, dans tous les cas possibles, le devoir moral implique un droit égal, et le droit moral un devoir correspondant.

« Il est vrai que la loi civile a établi une distinction entre les devoirs, en imposant les uns par des moyens coactifs qu'elle n'emploie pas pour assurer l'accomplissement des autres; mais cette intervention des lois, tout avantageuse qu'elle soit, ne change rien à l'essence des devoirs eux-mêmes, qui sont antérieurs à toute institution légale, parce qu'ils ont leur principe dans la nature morale de l'homme.

« Pourquoi la loi exige-t-elle par la contrainte l'accomplissement de certains devoirs, tandis qu'elle abandonne les autres au libre arbitre et à la moralité des individus eux-mêmes? c'est qu'il est facile de déterminer les uns dans toutes leurs circonstances, tandis qu'il est impossible d'appliquer aux autres une sanction fixe et équitable. Il est assez facile, dans la plupart des cas, d'apprécier le degré de criminalité d'un acte d'injustice; mais serait-il également facile de dire combien de torts dans un bienfaiteur peuvent affaiblir et peut-être même anéantir ses droits à la reconnaissance d'un premier service accordé? Une investigation judiciaire en pareille matière porterait le trouble dans la famille et dans l'État, et ferait beaucoup plus de mal que de bien. Aussi le législateur a-t-il sagement fait d'abandonner l'exercice de la reconnaissance à la moralité de chacun, et d'assurer l'accomplissement de la justice par la crainte des châtiments. »

« C'est sur cette distinction établie par les lois civiles entre les devoirs, et sur cette distinction seulement, que repose la division des droits en droits parfaits et en droits imparfaits : division introduite par les jurisconsultes et adoptée par ces moralistes qui, ne pouvant s'élever au-dessus des habitudes et des préjugés de leur temps, se sont laissé induire en erreur par le langage technique de la jurisprudence. Il est certain que l'emploi de ces termes a donné naissance à l'erreur de croire qu'il y a dans les droits eux-mêmes, considérés comme droits moraux, un degré plus ou moins grand de perfection et d'urgence morale. Mais il est évident que, moralement parlant, il n'existe pas de distinction semblable; j'irai même jusqu'à dire que, s'il y avait lieu d'établir de pareilles divisions, les droits que l'on considère comme légalement parfaits auraient souvent moins de force morale que ceux qu'on range dans la classe opposée. Il n'existe pas d'homme, j'aime à le croire, qui ne ressentît plus de remords d'avoir laissé mourir en prison pour une dette insignifiante un bienfaiteur auquel il devait toute son influence, que d'avoir manqué d'exactitude dans l'accomplissement de quelques conditions peu importantes d'un contrat dont il n'ignorait pas que les termes avaient été clairement définis par la loi et l'obligation stricte parfaitement établie. » (*Leç.* 91.)

II. — *Morale religieuse.*

De la morale sociale l'auteur passe à la morale religieuse, se réservant de traiter de la morale individuelle en dernier lieu.

Voici les raisons qu'il apporte pour justifier

l'ordre adopté par lui : « Je devrais maintenant, pour suivre un ordre méthodique, passer à l'examen des règles auxquelles doit se conformer la conduite de l'homme envers lui-même. Mais comme cette recherche renferme surtout la considération du bonheur, et que celui-ci tient en grande partie à nos idées sur la Divinité et sur la perspective d'une vie immortelle, il m'a paru mieux, en somme, de m'écarter un peu de l'ordre prescrit par la méthode, pour porter d'abord mon attention sur ces grands objets de méditation, avant d'aborder l'étude de nos devoirs envers nous-mêmes. (*Ibid.*) »

La connaissance de ce que nous devons à Dieu suppose la connaissance de ce que nous sommes relativement à lui; car ici, comme ailleurs, nos devoirs découlent de nos rapports. Il est donc nécessaire, avant d'exposer les devoirs religieux, de démontrer l'existence de Dieu et d'énumérer ses principaux attributs. C'est ce qu'a fait Brown, en posant d'abord les principes de la théologie naturelle.

Le caractère principal de sa théodicée, c'est qu'elle ne dépasse en rien les limites dans lesquelles l'ont tenue renfermée les philosophes écossais, ses prédécesseurs. A leur exemple, il n'adopte comme preuves légitimes de l'existence de Dieu que celles qui se tirent du spectacle de la nature, du mécanisme du monde, de l'harmonie et de l'ordre qui y règnent. Quant aux arguments *métaphysiques* et *moraux*, il ne leur accorde de valeur qu'autant qu'ils s'appuient sur les preuves *physiques*. « Je ne connais, dit-il, qu'un seul argument qui puisse démontrer l'existence de Dieu. Mais sa force est irrésistible, il opère la conviction dans les esprits les plus rebelles, et la croyance qu'il leur impose est invincible : les preuves communément appelées métaphysiques sont, d'après moi, complétement dénuées de force, en tant du moins qu'elles ne reposent pas sur une assomption tacite de l'argument *physique*. Ces preuves *a priori*, embarrassées et obscures, m'ont toujours paru propres à laisser dans l'esprit le doute plutôt que la conviction. » (*Leç.* 93.)

Brown ne s'attache donc qu'aux arguments *a posteriori*. Il les expose tels qu'on les trouve dans les principaux auteurs, dans Cicéron surtout, dans Fénelon et J.-J. Rousseau; mais la manière dont il les développe rappelle plutôt l'éloquence abondante et facile de l'évêque de Cambrai que la dialectique puissante du citoyen de Genève.

De la démonstration de l'existence de Dieu l'auteur passe à l'énumération de ses attributs; il n'en compte que cinq : l'unité, l'omniscience, la toute-puissance, la bonté et la justice, qu'il définit successivement :

1° *Unité de Dieu.* « Le mécanisme du monde nous révèle l'existence de Dieu, l'unité de plan nous démontre son unité. » (*Leç.* 93.)

« La conception de cet attribut n'est en nous qu'une idée relative; car lorsque nous parlons d'unité ou de pluralité par rapport à Dieu, nous ne nous élevons jamais au-dessus de ce que notre esprit borné peut inférer du spectacle des phénomènes. La conception de l'unité absolue dépasse la portée de notre intelligence, et les arguments métaphysiques où il en est question n'offrent à l'esprit que des combinaisons laborieuses de mots insignifiants. »

2° *Omniscience de Dieu.* « Celui qui a créé le monde, qui en a subordonné toutes les parties pour un but unique, doit, sans doute, posséder la connaissance des rapports que lui-même a établis. Mais lorsque nous avons dit que sa science s'étend à tout ce qui existe, nous avons dit tout ce que nous pouvons savoir de son omniscience. Ce qui touche à la sagesse infinie de la Divinité nous échappe; supérieure à tout ce que nous suggèrent la conscience de ce qui se passe en nous et le spectacle de ce qui nous entoure, nous sommes incapables de l'atteindre. Tout ce que nous pouvons faire, c'est de confesser notre ignorance, et d'adorer en silence la sagesse éternelle et incompréhensible. »

3º *Toute-puissance de Dieu.* « Il nous est également impossible de nous former une idée adéquate de ce que la *toute-puissance* peut être dans la réalité. L'idée que nous pouvons nous en faire, est celle d'une puissance à laquelle la raison se refuse à poser des limites ; l'espace pourrait ouvrir son sein à des mondes nouveaux, surpassant en beauté ceux qui existent déjà, autant que ces derniers surpassent les humbles ouvrages de l'industrie humaine ; mais les rapports de Dieu à ces créations supposées se déroberaient toujours à la faiblesse de nos louanges comme à l'orgueil de nos conceptions. » (*Ibid.*)

Au bout de toutes ses méditations sur Dieu, Brown, comme on le voit, retrouve toujours ce mot : incompréhensible ! En cela, il est, je crois, d'accord avec tout le monde, sans excepter même ces philosophes qui, lorsqu'il s'agit de l'idée d'infini, prétendent que l'esprit humain la comprend, mais qui, sitôt qu'il est question de Dieu, le seul et véritable infini, reviennent au sentiment du vulgaire et confessent avec lui que l'un des attributs de l'Être suprême est l'*incompréhensibilité*.

4º *Bonté de Dieu.* Brown s'étend davantage sur cet attribut. Les 94º et 95º leçons peuvent être considérées comme un traité sur la Providence. On y trouve résolues d'une manière satisfaisante la plupart des questions relatives à ce qu'on appelle ordinairement *optimisme*. L'auteur y explique l'origine du mal sur la terre, et repousse les attaques qu'on a tant de fois dirigées contre le gouvernement providentiel. Il montre que le mal *métaphysique* est la conséquence inévitable de l'imperfection nécessaire de la créature; que, tout considéré, la somme des biens surpasse de beaucoup la somme des maux; que du malheur particulier résulte souvent le bien général; et qu'enfin le bonheur est le but évident de la création, et qu'après tout ce but est atteint même en ce monde où tout y concourt, le mal *physique* lui-même; car la faim, par exemple, la douleur et la maladie ne sont-elles pas des avertissements pour nous de veiller à la conservation et à la santé de notre corps? D'un autre côté, les chagrins et les accidents divers de la vie, en permettant à la vertu de s'épurer par l'infortune et de se fortifier par les obstacles, ne deviennent-ils pas la source des plaisirs les plus nobles et du bonheur le plus solide?

Tout cela, nous le savons, a été dit cent fois avant Brown; mais s'il n'a rien ajouté aux arguments qui justifient la providence de Dieu, il leur a donné une force nouvelle, en y mettant son cœur; le sentiment religieux respire dans toute cette partie du cours; peu de lectures sont plus attachantes et plus salutaires.

Toutefois, en essayant de pénétrer les desseins providentiels et les mystères de la destinée humaine, Brown semble n'avoir pas osé aborder un problème qui jusqu'à présent n'a été posé que pour être éludé, ou qui n'a été résolu que par des jeux de mots. Nous voulons parler de l'existence du mal moral dans ce monde. La question valait la peine d'être traitée cependant, car il ne s'agit de rien moins que de concilier les deux faits incontestables de la prescience divine et de la liberté humaine avec certains principes sur lesquels reposent les théories diverses des philosophes et des théologiens sur l'expiation.

5º *Justice de Dieu.* « Il nous est impossible de considérer Dieu comme étant indifférent au vice et à la vertu; nous croyons nécessairement à sa justice; mais cet attribut, tel que nous le concevons en lui, n'est que le développement des idées et des sentiments qui se produisent en nous-mêmes. » (*Leç.* 95.)

C'est donc par une induction naturelle que nous transportons en Dieu l'idée de justice qui se révèle intuitivement à la conscience; mais par un autre principe également universel, le principe en vertu duquel la raison s'efforcerait en vain de concevoir des limites en Dieu, nous apprenons à ne point confondre la justice divine avec la justice humaine : celle-ci est quelquefois incertaine et souvent impuissante; celle-là, au contraire, est infaillible et toujours efficace, parce que Dieu possède la sagesse pour connaître le bien, et la puissance pour le réaliser.

En résumé, Dieu existe; l'univers proclame son existence; le concert des éléments, leur concours à un but unique, la subordination des parties, l'harmonie de l'ensemble attestent son unité; la proportion des moyens aux fins révèle sa sagesse; la grandeur des merveilles, sa puissance; le bonheur général, sa bonté paternelle; et la conscience morale, sa justice incorruptible.

Tels sont, d'après Brown, les principaux attributs de Dieu. Ce sont les mots par lesquels nous exprimons les rapports qu'il a avec le monde en général et avec les hommes en particulier; et de ces rapports divers nous déduisons nos devoirs envers lui.

Devoirs de l'homme envers Dieu. Brown s'étend peu sur les devoirs de l'homme envers l'Être suprême; il les renferme tous dans la contemplation de sa sagesse, de sa puissance et de sa bonté. « En un sens, dit-il, tous nos devoirs ne sont au fond que des devoirs envers Celui qui nous a donné tout ce que nous possédons, et qui nous impose la loi morale par cette voix de la conscience qui parle à tous les cœurs. Mais nous avons aussi des devoirs religieux proprement dits : ce sont ceux qui se rapportent immédiatement à Dieu, et qui consistent dans l'étude de ses adorables perfections. C'est un devoir pour nous de contempler sa sagesse, d'adorer sa puissance, et de méditer sans cesse sur les opérations de sa bonté universelle.

« Notre premier devoir envers la Divinité, ajoute-t-il plus loin, est de méditer sur ses attributs, de cultiver en nous les sentiments religieux, les plus agréables et les plus nobles dont notre nature soit susceptible, et enfin de lui offrir ce culte intérieur, cet hommage du cœur, le seul qu'il soit donné à l'homme d'offrir à son Créateur. »

En un mot, les devoirs que l'obligation religieuse nous impose envers Dieu, sont des devoirs d'adoration, d'amour, de reconnaissance, et de résignation.

Tels sont, d'après Brown, les principes de la religion naturelle. Nous ne dirons rien de sa morale religieuse; mais nous ferons quelques réflexions sur la méthode qu'il a suivie dans la démonstration de l'existence de Dieu et de ses attributs.

Brown n'ignore pas sans doute les différentes preuves traditionnelles de l'existence de Dieu; car il distingue en passant les arguments *a priori* et les arguments *a posteriori.* Mais, d'après lui, « les preuves métaphysiques sont complètement dénuées de force, en tant du moins qu'elles ne reposent point sur une assomption tacite de l'argument physique. » — « Les preuves *a priori*, ajoute-t-il, m'ont toujours paru propres à laisser dans l'esprit le doute plutôt que la conviction. »

Si l'auteur voulait dire ici que les arguments métaphysiques usités dans l'école, comme ceux de saint Anselme, de Descartes et de Leibnitz n'ont aucune force démonstrative, nous serions d'accord avec lui; car, au fond, ces arguments ne peuvent aboutir à une conclusion qu'à la condition de l'admettre comme vraie dans les prémisses; mais il prétend que les preuves métaphysiques n'ont de valeur qu'en tant qu'elles reposent sur les preuves physiques; or sur ce point nous sommes loin de partager son sentiment: en effet qu'est-ce qu'un argument *a posteriori*, s'il ne s'appuie sur un principe *a priori?* Peut-il être autre chose qu'une application des données intuitives à un cas spécial, à une réalité particulière? Les inventeurs des arguments métaphysiques n'ont commis qu'une faute, celle de méconnaître la nature et la portée du raisonnement; ils ont oublié qu'avant de construire leurs syllogismes, il fallait poser en principe les conséquences mêmes qu'ils voulaient tirer, et que dès lors toute leur argumentation devenait inutile. Brown, au contraire, tombe dans un double vice de méthode; car avant de développer les seules preuves qu'il croit légitimes, il a déjà admis comme vrai ce qui est en question; de plus, en n'accordant de valeur qu'aux arguments des causes finales, il prend un principe dérivé au lieu d'un principe primitif, car il part de l'idée de fin, laquelle découle de l'idée de cause.

C'est une faute grave en philosophie de ne point remonter aussi haut qu'il est possible de le faire. Brown n'aurait pas commis cette faute sans doute s'il se fût moins attaché à reproduire, dans cette dernière partie de son cours, la doctrine de D. Stewart. On sait que ce dernier met en question si l'existence de Dieu est un premier principe. « L'existence d'un Dieu, dit-il, ne paraît pas être une vérité intuitive. Pour être offerte à l'esprit dans toute sa force, l'intervention du raisonnement est nécessaire. Mais un pas le mène au but, et les prémisses d'où il part appartiennent à cette classe de principes primitifs qui forment une partie essentielle de la constitution humaine (1). »

(1) *Esquisses de philosophie morale*, p. 123.

Le *but* dont il est ici question nous paraît être, au contraire, le point de départ; car, dans la constitution humaine, il n'est point de principe antérieur au principe de causalité. Le premier développement de la raison est la conception d'une cause, et qui plus est d'une cause première et unique; car pourquoi voudrait-on supposer une série de causes secondes à l'infini? Le principe de contradiction n'empêche-t-il pas que la raison, étant ce qu'elle est, puisse concevoir l'absurde?

Mais ce qui a contribué surtout à rendre si faible la théodicée de Brown, c'est l'oubli qu'il a fait de remonter à l'origine du principe d'où il part, et d'en étudier la valeur et la portée.

Son principe est celui de finalité; or ce principe dérive de la même source que celui de causalité, dans lequel il est impliqué. En effet, le principe de causalité est celui en vertu duquel la raison conçoit nécessairement que tout ce qui commence d'être a une cause. Or la notion de cause implique celle de liberté; car supposer une cause qui ne soit pas libre, c'est supposer une cause qui n'est qu'un simple instrument, c'est-à-dire une cause qui n'en est pas une; la notion de liberté est donc impliquée dans celle de cause; mais la notion de liberté ne suppose-t-elle rien à son tour? Elle suppose nécessairement un choix;

or un choix présuppose au moins deux mobiles, et ceux-ci deux buts à atteindre; donc l'idée de fin est renfermée dans celle de liberté, l'idée de liberté dans celle de cause; donc l'idée de fin a la même origine que l'idée de cause.

Si le principe de finalité a la même origine que le principe de causalité, il doit être rapporté à la même faculté, c'est-à-dire à la raison intuitive; il doit avoir la même valeur, être marqué des mêmes caractères; c'est-à-dire qu'il est primitif, nécessaire et universel.

Si ce principe est primitif, il n'est pas, comme l'affirme tacitement Brown, *a posteriori;* il a donc commis une erreur de méthode, en invoquant, pour l'exposer, l'intervention du raisonnement.

Ce n'est pas tout: quoique sous le rapport logique, le principe de finalité soit contemporain du principe de causalité, on peut supposer cependant que, sous le rapport de leur apparition sur le théâtre de la conscience réfléchie, le premier est postérieur au second: c'était donc sur le principe de causalité et non pas celui de finalité que l'auteur devait asseoir le dogme de l'existence de Dieu.

Mais fût-il remonté jusque-là, Brown n'eût point pour cela corrigé le vice de sa méthode; il eût fait du principe de causalité ce qu'il a fait de celui de finalité, c'est-à-dire qu'il eût essayé de prouver ce qui sert précisément de base au raisonnement ; procédé anti-philosophique, et qui dispose l'esprit à l'incertitude et au doute, en l'accoutumant à exiger la démonstration de ce qui est réellement indémontrable.

La raison ne peut pas ne pas admettre une cause première. Cette affirmation n'a rien d'antérieur à elle-même ; elle porte avec elle sa lumière et son évidence. Le principe de causalité ne se prouve pas ; et puisque la cause qu'il nous révèle ne peut être autre que la cause première, c'est-à-dire Dieu, il suit que l'existence de l'Être nécessaire ne peut se démontrer, mais qu'elle est un fait qui n'a besoin que d'être constaté.

En pareille matière, l'unique tâche du philosophe est de féconder les données de l'intuition et de fortifier sa foi, en développant par la réflexion ce qui est renfermé dans cette idée de cause première et nécessaire qui fait, pour ainsi dire, le fond de la raison humaine.

Un vice de méthode et un examen superficiel de la nature des premiers principes ont réduit Brown à n'avoir à donner pour preuves de l'existence de Dieu que des arguments purement oratoires. Les mêmes causes d'erreur l'ont égaré, lorsqu'il s'est agi de déterminer les attributs divins. Nous avons vu qu'il en énumère cinq principaux : l'unité, l'omniscience, la toute-puissance, la bonté et la justice. Or n'établir aucune distinction entre ces attributs, c'est assimiler et confondre des choses de nature tout à fait différente ; car les uns sont absolus, tandis que les autres sont purement relatifs, ou, comme on dit dans l'école, les uns sont *métaphysiques,* les autres *moraux.* Les premiers se déduisent intuitivement du principe de causalité, les seconds du principe de finalité. Mais pour les en déduire, il fallait connaître la nature et la valeur de ces deux principes, et nous avons vu que Brown ne les a pas même nommés. Voilà pourquoi, dans l'essence divine, il a confondu les attributs absolus avec les attributs relatifs.

Telle est la théodicée de Brown. Si dans sa partie dogmatique, elle est défectueuse comme celle de ses prédécesseurs, dans sa partie négative elle est, au contraire, très-philosophique ; car en reconnaissant une propriété commune à tous les attributs divins, l'incompréhensibilité, elle pose à l'esprit humain la borne qu'il ne doit point essayer de franchir. Cette circonspection qui se renferme dans les limites prescrites, certains philosophes la taxeront sans doute de timidité, et l'accuseront de détruire la *haute métaphysique.* Nous la considérons, au contraire, comme la marque la plus certaine d'un esprit éminemment philosophique. Tant qu'on ne nous aura point démontré d'une manière irréfragable que le fini comprend l'infini, nous continuerons de croire que tous les efforts de l'esprit humain pour pénétrer la nature de Dieu seront à jamais inutiles et ne pourront conduire qu'à des contradictions évidentes, à des erreurs palpables et aux systèmes les plus monstrueux. Consultez les théodicées diverses enfantées par la philosophie transcendantale, et la plus légère attention vous fera voir que toutes aboutissent nécessairement au fatalisme, au panthéisme, etc. Spinoza et d'autres l'ont prouvé. Toutes les antilogies auxquelles on arrive, quand on part de la conception de l'infini idéal, s'opposent avec bien plus de force encore, quand il est question de l'infini réel, au point qu'il nous est impossible de concilier les uns avec les autres la plupart des attributs de Dieu. Que l'on prenne, par exemple, la liberté et l'immuabilité : la raison nous oblige à croire que ces deux qualités sont réellement en Dieu ; car il est la cause première, et toute cause est libre ; d'ailleurs la liberté est une perfection, et nous ne pouvons refuser aucune perfection à l'Être infiniment parfait. Dieu est donc libre. D'un autre côté, il est immuable ; car, s'il ne l'était pas, il ne serait plus dès lors l'Être infiniment parfait. Mais, s'il est immuable, il n'y a point de succession en lui ; donc il n'est pas libre, et tout en lui est nécessaire. Si, par exemple, il a voulu créer le monde, il l'a voulu de toute éternité ; et le monde n'a pas eu de commencement, c'est-à-dire n'a pas été créé ; ajoutons qu'il ne peut être détruit ; car, puisque Dieu n'a pas encore voulu l'anéantir, il est évident que, puisqu'il ne peut changer, il ne le voudra jamais ; donc le monde est éternel et indestructible.

Ainsi Dieu, étant libre, doit pouvoir créer ; étant immuable, il ne peut créer. Voilà un exemple de ces nombreuses antinomies auxquelles on arrive nécessairement, quand on méconnait avec certains philosophes la portée de l'esprit humain. Montesquieu a donc raison de dire : « Les philosophes les plus sensés qui ont réfléchi sur la nature de Dieu ont dit qu'il était un être souverainement parfait ; mais ils ont extrêmement abusé de cette idée. Ils ont fait une énumération de toutes les perfections différentes que l'homme est capable d'avoir et d'imaginer, et en ont chargé l'idée de la Divinité, sans songer que souvent ces attributs s'entr'empêchent, et qu'ils ne peuvent subsister dans un même sujet sans se détruire (1). »

A l'autorité de ce philosophe ajoutons celle de

---

(1) *Lettres persanes;* let. 69.

J.-J. Rousseau. « Cet être qui veut et qui peut, dit ce dernier, cet être actif par lui-même, cet être enfin, quel qu'il soit, qui meut l'univers et ordonne toutes choses, je l'appelle Dieu. Je joins à ce nom les idées d'intelligence, de puissance, de volonté que j'ai rassemblées, et celle de bonté qui en est une suite nécessaire : mais je n'en connais pas mieux l'être auquel je l'ai donné ; il se dérobe également à mes sens et à mon entendement ; plus j'y pense, plus je me confonds ; je sais très-certainement qu'il existe par lui-même. Je sais que mon existence est subordonnée à la sienne, et que toutes les choses qui me sont connues sont absolument dans le même cas. J'aperçois Dieu partout dans ses œuvres ; je le sens en moi, je le vois tout autour de moi, mais sitôt que je veux chercher où il est, ce qu'il est, quelle est sa substance, il m'échappe, et mon esprit troublé n'aperçoit plus rien (1). »

III. — *Morale individuelle.*

Le devoir de l'homme considéré comme individu, et abstraction faite de ses rapports avec ses semblables, c'est d'aller à sa fin. La détermination de ses devoirs envers lui-même dépend donc

---

(1) *Émile*, liv. IV.

de la connaissance du but auquel il doit tendre. Or la fin de l'homme ici-bas est assez évidente, c'est de concourir à l'ordre universel, et par conséquent d'accomplir sa propre destinée qui est une partie de la fin totale des êtres. Mais son existence actuelle épuise-t-elle sa destinée tout entière? la vie se termine-t-elle sur la terre, ou bien se continue-t-elle dans un autre monde? Nouveau problème dont la solution doit apprendre à l'homme à ordonner sa conduite par rapport à son existence à venir. Brown aborde donc la question préalable de l'immortalité de l'âme.

Il établit d'abord, contre les matérialistes, la distinction de l'esprit et de la matière, et lorsqu'il a prouvé la spiritualité, l'unité et l'indivisibilité de la substance pensante, il en démontre l'immortalité par des preuves fondées sur l'idée du progrès et de la perfectibilité humaine, du gouvernement providentiel et des attributs moraux de Dieu, sa bonté et sa justice qui l'obligent de sanctionner la loi morale et de réparer après la mort le désordre inévitable qui résulte de la condition de l'homme ici-bas, et de rétablir l'harmonie un instant troublée entre la vertu et le bonheur (1).

L'immortalité de l'âme prouvée, il passe à

---

(1) Leç. 96 et 97.

cette branche de la morale qui traite des devoirs de l'homme envers lui-même. Cette partie de son cours n'est à proprement parler qu'un commentaire de la doctrine de D. Stewart sur le même sujet.

A l'exemple de son prédécesseur, il commence par poser en fait que la conduite de l'homme envers lui-même est l'objet immédiat de l'approbation ou de la désapprobation morale.

« A la suite d'une imprudence qui lui a été funeste, l'homme, dit-il, éprouve quelque chose de plus qu'un simple regret. C'est un véritable sentiment de désapprobation morale : en se nuisant à lui-même, il sent qu'il a mal agi à l'égard d'un membre de l'humanité, et qu'il a violé une partie du système général des devoirs que tout homme sage et vertueux, dans les actions qui se rapportent directement aux autres, doit avoir constamment en vue pour la direction de sa conduite. »

D. Stewart, dans ses *Esquisses de philosophie morale*, s'était exprimé à peu près de la même manière ; et il pouvait le faire sans se mettre en contradiction avec lui-même, en vertu du semi-rationalisme, dont il faisait profession. Mais Brown, qui prétend que les phénomènes moraux ressemblent moins à des jugements de la raison qu'à des sentiments d'un amour et d'une aversion d'une nature particulière, n'avait peut-être pas le droit de poser en fait que les actions qui se rapportent exclusivement à nous-mêmes sont, d'une manière directe et immédiate, approuvées ou désapprouvées par la conscience morale. Sans doute ces actions nous apparaissent directement comme conformes ou comme contraires à l'ordre, et s'imposent à notre volonté libre en vertu de ce genre d'obligation qui est impliqué dans out jugement pratique; mais comme elles ne sont point nécessairement désintéressées, c'est une question de savoir si la nature, d'ailleurs si économe dans les moyens qu'elle emploie, n'a pas exclusivement confié à l'instinct qu'on appelle *amour de soi* le soin de conduire l'homme à sa conservation propre, et n'a pas réservé à la conscience morale de le diriger dans sa conduite à l'égard des autres. En d'autres termes, c'est une question de savoir si le principe en vertu duquel nous regardons comme moralement bons ou mauvais les actes qui se rapportent uniquement à nous, est véritablement un principe primitif, ou bien s'il est seulement, comme le prétend W. Makintosh, de formation secondaire, et si ces actes ne nous apparaissent tels que lorsque nous savons qu'ils sont la condition de l'accomplissement de nos devoirs envers nos semblables.

Primitif ou non, ce principe est incontestable. C'est un fait que, dans notre état actuel, notre conduite à notre propre égard est l'objet de l'approbation ou de la désapprobation de la conscience morale. Il existe donc une science des devoirs de l'homme envers lui-même.

Ces devoirs, Brown les résume tous dans deux devoirs généraux : celui de travailler à notre excellence morale, et d'assurer notre bonheur par tous les moyens légitimes.

Voici comment il distingue ces deux devoirs l'un de l'autre. « Notre devoir envers nous-mêmes peut se considérer sous deux points de vue : en tant qu'il se rapporte à la culture de notre excellence morale, et en tant qu'il se rapporte aux moyens d'assurer notre bonheur. On peut sans doute regarder ces deux points de vue comme les deux faces d'un même objet; mais quoiqu'il soit bien certain que même ici bas. le bonheur est inséparable de la vertu, et que, sur le théâtre de notre existence immortelle, ces deux choses doivent être plus étroitement unies encore, on ne peut cependant pas nier que relativement à notre volonté et à nos déterminations morales, elles ne soient des objets distincts. Nous voulons être vertueux, non parce que nous savons que la vertu est la source la plus pure du bonheur le plus solide, mais uniquement parce que nous avons en vue cette excellence morale sans laquelle nous nous croirions indignes non-seulement du bonheur, mais encore de notre propre estime et de l'approbation de Dieu. La connexion entre le bonheur et l'accomplissement du devoir ne résulte que de la bonté gratuite du Créateur. Celui qui a attaché un charme si puissant à la vertu désintéressée a mis dans nos cœurs un principe de bienveillance qui nous fait voler au secours de nos semblables, bien avant que nous soupçonnions les joies intérieures qui récompensent le dévouement. Il en est de même de toutes les autres espèces de devoirs. Nous nous portons à l'exercice de toutes les vertus, sans songer à autre chose qu'à faire ce que la loi morale nous impose et à mériter notre propre estime. Sans doute le bonheur accompagne toujours le désir de l'excellence morale ; mais il n'était pas l'objet de nos pensées au moment même où le désir de nous perfectionner agissait sur notre volonté. Celui qui ne fuit le vice que par la crainte du remords, et n'embrasse la vertu qu'en vue des satisfactions qu'elle procure, est indigne je ne dirai pas seulement d'être mis au nombre des hommes vertueux, mais même d'éprouver ces plaisirs que la nature n'accorde qu'à ceux qui se conforment à la loi, sans songer aux sanctions qui en récompensent l'observation (1). »

---

(1). Leç. 78.

« Le devoir qui consiste dans le désir d'acquérir une plus grande perfection morale, et dans la culture de ces affections qui nous rendent plus bienveillants envers les autres, et plus fermes dans cet héroïque empire sur soi qui brave et les séductions du plaisir et les menaces de la douleur, est donc, dans son objet direct, différent de cet autre devoir qui a le bonheur pour fin immédiate. »

Brown ne s'attache point à démontrer l'obligation pour l'homme de s'appliquer à son perfectionnement moral; car ce devoir général renfermant tous les devoirs particuliers dont il a déjà parlé, il n'eût pu le faire sans se condamner à des répétitions inutiles. Il s'occupe donc uniquement des moyens pratiques qui peuvent garantir le succès dans la culture de l'excellence morale. Il recommande la prudence, le courage et la tempérance dans l'usage de nos facultés sensitives, intellectuelles et morales.

Il passe ensuite à la culture du bonheur, dont il prouve l'obligation stricte. « Lorsque nous pouvons arriver au bonheur sans blesser aucun devoir, nous sommes moralement obligés d'en poursuivre la recherche; et dussions-nous ne violer que ce seul devoir, nous serions moralement coupables, si nous agissions de manière à diminuer notre propre bonheur, et à nous créer des embarras et des peines réelles; en un mot, c'est une vertu d'être prudent, un vice d'être imprudent.

« Qu'un acte de prudence ou d'imprudence fasse naître en nous non-seulement la joie ou le regret, comme lorsque nous avons été favorisés ou maltraités par la fortune, mais encore le remords ou la satisfaction morale, comme lorsque nous avons accompli ou violé un devoir, c'est un fait attesté par la conscience de l'agent, et par les sentiments de ceux qui ont été témoins de son action. Celui qui souffre des conséquences d'une conduite qu'il avait des raisons de considérer comme imprudente, sent en lui-même qu'il est justement puni, et tous ceux qui ont été témoins de ses actions et de leurs conséquences s'accordent à attribuer le démérite à l'agent, et à reconnaître la justice du châtiment qu'il a reçu ou plutôt qu'il s'est infligé à lui-même. Dieu a voulu que ses créatures fussent heureuses, et il a lié intimement le bonheur à la vertu. Ne point contribuer aux desseins de la Divinité, c'est une négligence coupable, et nous ne devons pas nous étonner que la conscience nous le reproche toujours, car nous ne pouvons négliger la fin sans négliger en même temps les moyens (1). »

---

(1) Leç. 99.

« Si chaque individu parmi les hommes se montrait complétement indifférent à son propre bonheur, chaque individu serait malheureux; et l'imprudence toute seule, si elle devenait universelle, produirait les mêmes résultats que l'oppression de tous par tous. A cause de l'harmonie préétablie entre l'honnête et l'utile, celui-là seul peut être véritablement vertueux, qui, dans sa conduite, coopère au bien du genre humain; et par conséquent l'homme imprudent, en tant qu'il cause volontairement le malheur d'un seul individu, se rend coupable en violant l'ordre universel. »

Ce n'était pas assez de prouver que l'acquisition du bonheur est un devoir, il fallait montrer en quoi il consiste. Brown, à l'exemple de D. Stewart encore, passe donc en revue les doctrines principales des anciens sur la nature du bonheur.

Le bonheur, n'étant qu'un état permanent de bien-être, a sa source dans tout objet dont le souvenir, l'espérance ou la possession nous sont agréables. Considéré soit dans son intensité, soit dans sa durée, son caractère propre est de varier dans chaque individu suivant sa constitution native, son éducation, ses habitudes, son rang, et enfin suivant toutes les circonstances capables de modifier ses désirs. Le bonheur n'est donc pas absolu, mais essentiellement relatif; et par conséquent il est absurde de rechercher, comme l'ont fait certains philosophes de l'antiquité, un type du bonheur en soi, et de le considérer comme quelque chose de simple et d'unique, comme une espèce d'universel *a parte rei*.

« Les deux principales sectes opposées l'une à l'autre dans cette recherche du bonheur ont été les disciples d'Épicure et de Zénon. Le premier regardait le bonheur sensible comme étant primitivement le seul bien réel, et il ajoutait que tout ce qui n'a pas un rapport direct avec le plaisir n'avait de valeur qu'en tant qu'il y contribuait indirectement. Le second, au contraire, prétendait qu'en dehors de la vertu, le bonheur n'existait pas; que, sauf la droiture de l'intention, tout était indifférent, que le plaisir n'était pas un bien, ni la douleur un mal (1). »

Brown n'a aucune peine à réfuter la doctrine qu'il prête à Épicure; en effet, il n'est pas nécessaire de réfléchir longtemps pour voir qu'il existe d'autres jouissances que celles des sens : les plaisirs de l'esprit et du cœur ont au moins autant de réalité que les plaisirs du corps. Quant à la morale stoïcienne, il lui reproche d'être exclusive et incomplète. A côté des biens et des maux qui résultent du vice et de la vertu; il maintient

---

(1) Leç. 99.

l'existence de ceux qui ont leur principe ailleurs. D'un autre côté, n'accorder aucune réalité aux biens et aux maux physiques, c'est détruire le principe même du stoïcisme; car, la vertu ne consistant que dans l'empire de la volonté sur les passions, si l'on ôte le plaisir et la douleur, il ne reste plus d'obstacle à surmonter, et la victoire disparaît avec la possibilité de la lutte. Les stoïciens supposent donc l'existence de ce qu'ils s'efforcent de nier, et ce paralogisme détruit leur système par la base. Leur inconséquence éclate encore, lorsqu'ils prétendent, par exemple, que la santé et la maladie sont choses indifférentes en elles-mêmes, et que la préférence que nous accordons à l'une sur l'autre ne peut être fondée que sur la volonté divine.

« Si toutes les choses extérieures étaient en elles-mêmes absolument égales, il nous serait impossible de rien présumer de la volonté divine sur laquelle nous prétendrions fonder notre choix. Si c'est, au contraire, sur des différences intrinsèques entre les choses, que nous regardons les unes comme bonnes, les autres comme mauvaises, ce n'est plus alors la volonté de Dieu qui sert de principe et de règle à nos distinctions morales (1). »

De ces observations sur les inconséquences

(1) Leç. 65.

de la doctrine stoïcienne, quelques-unes, il est vrai, avaient été signalées par D. Stewart, mais Brown les a développées et fortifiées. Toutefois il n'a pas su découvrir l'erreur fondamentale de son prédécesseur sur le véritable point de la question entre Épicure et Zénon, erreur qui du reste nous paraît être généralement partagée par les critiques modernes. Nous ne voulons point faire allusion à l'habitude traditionnelle de dénaturer la doctrine d'Épicure. Il est facile de s'assurer que le sage chanté par Lucrèce ne place point le bonheur dans les plaisirs des sens; car, pour ne point mettre sur la même ligne Épicure et les hommes frivoles et grossiers qui se sont honorés du titre de ses disciples, il suffit de lire Diogène de Laerte, le *De finibus* de Cicéron et surtout les ouvrages de Sénèque. Nous voulons parler seulement de la méprise de la plupart des philosophes sur l'opposition qu'on prétend exister entre le stoïcisme et l'épicuréisme, opposition mal définie par les auteurs eux-mêmes. Selon nous, ces deux doctrines ne sont pas contradictoires, elles ne sont que différentes et incomplètes. Vraies toutes les deux dans ce qu'elles ont d'essentiel, elles ne sont défectueuses que dans ce qu'elles ont d'exclusif; on ne s'est pas aperçu que les deux philosophes grecs ont considéré la question du *souverain bien* sous deux aspects différents. Épicure la considérait surtout au point de vue des desseins providentiels (1); et lorsqu'il prétend que le but de la création est le bonheur universel, il n'affirme que ce que Bossuet et Leibnitz ont appuyé de leur autorité. La doctrine d'Épicure était la réfutation anticipée de l'anthropomorphisme de Malebranche et la justification du sentiment de Rousseau, qui prétend que l'Être souverainement puissant ne peut agir que par bonté.

Des deux choses qui constituent un acte, l'intention et la fin, Épicure n'a, pour ainsi dire, pris en considération que la dernière. Zénon, au contraire, faisant abstraction des conséquences matérielles des actions et de la sanction de la loi morale, ne s'est attaché qu'à l'intention de l'agent; une preuve qu'il en est ainsi, c'est qu'il aboutit au résultat absurde de l'égalité du mérite et du démérite dans toutes les actions humaines.

Ces deux philosophes se sont donc attaqués sans se combattre, et, depuis, la critique philosophique, en croyant les opposer l'un à l'autre, n'a opposé qu'un fantôme à un fantôme. Cette illusion d'ailleurs n'est pas rare, et ces luttes imaginaires se sont renouvelées plus d'une fois : nous en avons un exemple frappant dans plusieurs métaphysiciens modernes : les uns prétendent que la

(1) Il n'y a point d'athée même parmi ceux qui prétendent l'être.

vertu est à elle-même son mobile et sa fin, et ils ont raison, car ils ne la considèrent que dans l'ensemble des dispositions subjectives; qui doivent nous déterminer à agir;

> Ipsa quidem virtus pretium sibi; solaque late
> Fortunæ secura nitet, nec fascibus ullis
> Erigitur, plausuve petit clarescere vulgi;
> Nil opis externæ cupiens, nil indiga laudis,
> Divitiis animosa suis.....

D'autres, au contraire, prétendent que le but de la vertu est le résultat utile qui en dérive; et ils ont raison aussi; car ils ne considèrent l'institution de la loi morale que dans l'intelligence divine, et en effet, il paraît assez évident qu'en créant le monde, Dieu n'a pu se proposer d'autre fin que le bonheur universel.

Quoi qu'il en soit de ces observations, elles n'infirment en rien l'assertion de Brown, que le bonheur est une des fins de l'homme, et que c'est un de ses devoirs envers lui-même d'y tendre par tous les moyens permis. Les arguments qu'il emploie pour le prouver sont inattaquables.

La tâche qu'il lui reste à remplir est de signaler les devoirs particuliers qui sont renfermés dans cette formule générale; c'est ce qu'il fait dans les deux dernières leçons de son cours :

« L'homme, dit-il, est un être sensible, intelligent, moral et religieux ; c'est donc un devoir pour lui de cultiver le bonheur, que procurent le bien-être physique, les plaisirs de l'esprit, les jouissances de la vertu et de la religion. » Toujours à l'exemple de Stewart, il indique les moyens qui peuvent nous conduire à l'accomplissement de ce devoir, et les obstacles capables de nous en détourner, tels que l'influence du caractère, de l'imagination, des opinions et des habitudes diverses.

Telle est sa théorie de la morale pratique ; elle n'est, pour ainsi dire, qu'un développement de la doctrine de D. Stewart sur le même sujet, et elle présente à peu près les mêmes mérites et les mêmes défauts.

CONCLUSION.

En exposant la philosophie de Brown, nous nous sommes appliqué à faire connaître sa méthode, ses principes et les résultats de ses recherches. Nous avons essayé de lui faire sa part d'originalité, tout en montrant ce qu'il a emprunté aux autres : nous associant à lui partout où il nous a paru dans le vrai, et ne craignant pas de soutenir une opinion contraire à la sienne, chaque fois qu'il nous a paru dans le faux.

Sur bien des points, nous l'avons vu se séparer entièrement des Écossais, ses prédécesseurs, pour se rapprocher, non point de Locke, mais de Condillac, dont il considère la doctrine comme radicalement opposée à celle du philosophe anglais (1).

Nous ne le comparerons pas sans doute à notre immortel compatriote, car entre eux il y a la différence qui existe entre un fleuve et une

(1) Brown est peut-être le premier qui ait remarqué que Condillac est tout autre chose qu'un disciple de Locke. (*Voir leç*. 33.)

mer vaste et profonde. Nous ne pouvons même pas dire que le disciple ait toujours bien compris la pensée du maître. En effet, nous avons vu Brown échouer en grande partie dans les questions de psychologie, parce qu'il n'a pas même soupçonné cette importante vérité : que l'âme ne peut pas ne pas sentir, penser et vouloir en même temps; enfin échouer dans quelques problèmes de métaphysique, parce qu'il n'a pas su tirer parti de la doctrine si simple et si belle de Condillac sur *l'évidence de la raison.*

Mais s'il reste loin derrière le philosophe français, ce ne sera pas une témérité d'affirmer qu'il atteint Destutt de Tracy, qu'il le devance même quelquefois; il le surpasse du moins par la multitude et la richesse des détails. Toutefois, il est à regretter qu'en adoptant le système et les principales découvertes de ce dernier, et en s'appropriant ses divisions et ses subdivisions, il ait employé des termes recherchés, et que le langage philosophique ne consacrera peut-être pas.

On trouvera peut-être exagérée notre admiration pour le génie de Brown. Mais n'a-t-on pas prodigué les éloges à Reid et à Stewart? Ne les a-t-on pas même considérés comme chefs d'école? Cependant ôtez de leurs ouvrages ce qu'ils ont emprunté au père Buffier et au grand Arnaud, où sera leur originalité? Sera-ce d'avoir multiplié les distinctions verbales, surchargé la liste des facultés intellectuelles, et d'avoir, en réalisant les qualités secondes et troisièmes des corps, presque réhabilité le préjugé des *formes substantielles* et remis en honneur le *sec* et l'*humide, l'amer et le doux* des philosophes grecs. C'est donc un mérite à Brown d'avoir combattu les doctrines accréditées dans son pays, et d'avoir préféré la philosophie française, alors presque négligée, de l'avoir développée et enrichie d'aperçus nouveaux, qui valent presque l'originalité.

Ce qui a contribué surtout à le mettre sur la bonne voie et à l'y maintenir, c'est d'avoir parfaitement compris les deux grands principes qui forment l'esprit général de cette école, et président à toutes ses investigations : les deux principes qui consistent à regarder l'esprit humain comme l'objet d'une science particulière, indépendante ; et à ne voir dans les idées et dans les sentiments rien autre chose que la substance pensante elle-même diversement modifiée.

Le premier de ces deux principes est la condition de toute psychologie sérieuse. Ne se livrer à cette étude que pour elle-même, sans aucun but ultérieur et sans égard aux applications qu'on peut en faire, c'est un des moyens indispensables pour constituer enfin la science de l'esprit humain.

Les philosophes ont souvent oublié cette vérité ; et c'est là une des causes principales de l'imperfection de leurs systèmes.

La plupart, en se livrant à l'étude de l'esprit, se sont proposé tout autre but que celui de le connaître. Ceux-ci ont tout rapporté à la logique ; ceux-là, tout à la morale ; les uns ont cherché dans la psychologie une base aux dogmes de la religion naturelle ; les autres, des arguments en faveur de l'athéisme, du panthéisme, du matérialisme, du scepticisme et même de l'éclectisme.

Descartes semble n'avoir d'autre but que de poser les fondements de la certitude, de déterminer le critérium de la vérité et d'établir la distinction des deux substances spirituelle et matérielle ; aussi n'a-t-il pas plus tôt atteint ce triple objet, qu'il se hâte de sortir du domaine de la philosophie, pour appliquer sa *méthode* aux sciences mathématiques et physiques. Mais il porte la peine de sa précipitation : pour n'avoir point assez étudié l'esprit humain, il laisse tomber de sa plume certaines assertions, souvenirs échappés aux ruines de l'antiquité et du moyen âge ; Spinoza s'en empare bientôt après ; et plus tard elles deviennent les bases fragiles des théories fantastiques de l'Allemagne.

Malebranche se propose un but exclusivement pratique ; tout entier à la recherche des causes de nos erreurs, il subordonne à cet objet l'étude de l'esprit, et les arguments d'Arnaud contre les *idées représentatives* ne font que l'attacher de plus en plus à la théorie de la *vision en Dieu*.

L'âme n'est pour Locke qu'une *table rase,* ou plutôt une chambre obscure dont l'ameublement seul le préoccupe ; les idées, leur origine, leur étendue, leur certitude, voilà l'objet principal de ses méditations. Quant à l'esprit lui-même, ses facultés et ses opérations, il ne s'en occupe que d'une manière secondaire; de là l'état d'imperfection dans lequel il a laissé sa philosophie.

Si Reid n'a pas fait pour la science tout ce qu'on pouvait attendre de lui, c'est que, tourmenté par le fantôme des *idées-images* et par le spectre du scepticisme, il ne s'est préoccupé par-dessus tout que de l'énumération des vérités du *sens commun*. S'il se fût moins appliqué à combattre Hume, et plus occupé de l'esprit en lui-même, il n'aurait probablement pas multiplié indéfiniment les lois constitutives de la pensée, et peut-être serait-il parvenu à découvrir les éléments simples auxquels on peut les ramener.

Ainsi la plupart des philosophes ne nous ont laissé des systèmes incomplets ou défectueux que pour avoir subordonné la science à quelque objet qui n'en est qu'une dépendance.

Brown, au contraire, n'étudie l'esprit humain

que pour lui-même et en lui-même. Bien qu'il ne néglige pas de signaler à l'occasion les rapports qui lient cette étude aux autres branches de nos connaissances et les applications qu'on peut en faire soit en logique, soit en morale, il ne perd cependant jamais de vue que l'esprit est une réalité vivante qui doit se considérer à part, et que l'objet propre du métaphysicien est d'analyser les phénomènes de la pensée, du sentiment et de la volonté, cherchant à n'en omettre et à n'en supposer aucun, à les réduire à leurs principes élémentaires, et à les ordonner d'après leurs véritables rapports. C'est ainsi qu'il se préserve de l'esprit de système et qu'il n'est jamais tenté de dénaturer la réalité, pour l'accommoder à des idées préconçues.

Cette heureuse application d'un des procédés de la méthode, Brown l'avait sans doute étudié dans Condillac. Nous voyons, en effet, celui-ci, dans son *Traité des sensations,* faire tous ses efforts pour anéantir en quelque sorte la matière, afin de pouvoir examiner la substance spirituelle en elle-même et dans les modifications qu'elle subit en présence de ce que tous, y compris les *spiritualistes,* appellent les corps, mais que lui, *sensualiste,* appelle la cause inconnue et occasionnelle des phénomènes intellectuels.

Ce principe n'est point le seul que Brown ait emprunté au philosophe français; il en est un autre qu'il a pris à la même source, et qui peut exercer sur la philosophie une influence plus grande encore : je veux dire le principe qui prescrit de ne voir dans les idées que des *états de l'âme.*

Locke s'était occupé surtout des idées et des moyens de meubler sa *chambre obscure;* Condillac, au contraire, avait porté son attention non-seulement sur l'origine et la formation des idées, mais encore sur le principe et la génération des facultés elles-mêmes. C'est en cela, dit Laromiguière, que consiste son originalité. Cette observation est juste, mais peut-être qu'elle ne descend pas assez avant dans la pensée du grand philosophe : au fond, Condillac n'entendait pas séparer absolument les produits des opérations d'avec les facultés elles-mêmes; pour lui, l'idée n'est pas une réalité objective; elle est l'âme elle-même affectée de telle ou telle manière. Voilà l'esprit de sa philosophie; et il n'y a point de doute que c'est après s'en être bien pénétré, que Brown est parvenu à formuler cette pensée si simple et pourtant si souvent oubliée : que « nous ne connaissons rien de l'esprit qu'en tant qu'il existe d'une certaine manière; que les idées, les sentiments et les facultés de l'âme ne sont rien autre chose que l'âme elle-même existant en différents états. »

L'oubli de ce principe a eu les conséquences les plus funestes à la science : les philosophes se sont habitués à considérer non-seulement les idées, mais encore les facultés de l'âme comme des entités existant en dehors de la substance pensante. Sous l'empire de ce préjugé, ils négligeaient le seul moyen de parvenir à la vérité ; ils épuisaient les forces de leur génie dans de vaines recherches sur la nature, l'origine et le rang de ces *idées* dans la hiérarchie des *formes substantielles* et des *entéléchies*.

Ces assertions sont vraies pour ce qui concerne les anciens : on connaît les *simulacres* d'Aristote, les *archétypes* et les *âmes* de Platon : on réalisait alors les abstractions de l'esprit, et on en faisait de petits êtres *non méprisables*, tenant le milieu entre l'esprit et la matière ; c'était quelque chose d'analogue au *froid* et au *chaud*, au *sec* et à l'*humide*, etc.

Ce réalisme choque aujourd'hui le bon sens, et cependant on en trouve encore des vestiges même dans les traités de philosophie moderne.

Quoique le grand Arnaud parmi nous, et plus tard Reid, chez les Écossais, aient combattu et réfuté la théorie des *idées représentatives*, cependant les préjugés et les habitudes qu'elle a laissés dans les esprits, continuent d'exercer l'influence la plus fâcheuse. Personne aujourd'hui sans doute n'avouerait qu'il croit encore au dogme des *formes substantielles;* mais les habitudes du langage et les procédés de la méthode semblent désavouer dans la pratique ce que l'on professe en paroles. On en trouve la preuve dans tout ce qui se dit ordinairement des idées *éternelles* et *absolues,* et nommément de l'idée du *vrai,* du *bon* et du *beau.*

Les philosophes du jour croient certainement à la simplicité et à l'indivisibilité de l'âme; sur ce point leur profession de foi est formelle ; mais à entendre certains d'entre eux, ne croirait-on pas qu'ils regardent la substance pensante comme une collection de facultés distinctes et indépendantes? De même qu'ils établissent des différences radicales entre une idée et une idée, ne tracent-ils pas des *lignes infranchissables de démarcation* entre une faculté et une faculté? Ne creusent-ils pas un *abîme* entre la *raison* et l'*entendement,* de manière à laisser croire que l'âme n'exerce qu'une *partie* d'elle-même dans les opérations de l'un, tandis qu'elle se retrouve tout entière dans les opérations de l'autre?

Voilà quelques-unes des conséquences erronées dont Brown a su se préserver, parce qu'il n'a jamais perdu de vue que les idées ne sont point des réalités objectives et que l'âme est essentiellement simple et indivisible. Fidèle à ces deux principes, il a su, par des applications nouvelles, en montrer l'importance et la fécondité. A lui, sans doute, ne revient pas la gloire de l'invention, car c'est à Condillac qu'il les a empruntés; mais il a le mérite de les avoir parfaitement compris et constamment appliqués; et l'on peut dire que jamais disciple ne fut plus digne de commenter un tel maître.

Brown possédait, en effet, à un degré éminent toutes les qualités qui constituent le génie métaphysique : une sagacité merveilleuse, un talent prodigieux d'analyse, et un esprit capable d'embrasser toutes les parties d'un vaste ensemble, de les enchaîner entre elles et de les rattacher à un premier principe.

La puissance et l'éclat de ses facultés l'ont fait considérer pendant quelque temps comme le premier métaphysicien de son siècle. On ignorait en Écosse les sources où il puisait; on attribuait à son invention les théories ingénieuses et profondes de l'école française. Maintenant que nous savons ce qu'il doit à Condillac et à Destutt de Tracy, nous sommes obligés de rabattre un peu de l'immense réputation que lui ont faite ses admirateurs. Mais s'il n'est pas le plus grand des philosophes qui aient *jamais existé*, il est incontestablement le plus grand de tous ceux qui ont illustré l'Écosse.

Égal à Reid et à Stewart par l'amour sincère et la recherche patiente de la vérité, mais supérieur à eux sous tous les autres rapports, il unit, dans un équilibre à peu près parfait, la finesse pénétrante de Hume au génie étendu et compréhensif de Smith. Comme le premier, dans les questions les plus compliquées, il saisit d'une main sûre et déliée et avec une dextérité sans égale le nœud que d'autres moins habiles avaient laissé échapper ou que, dans leur impuissance, ils avaient été forcés de trancher. Comme le second, il poursuit à travers une longue série de raisonnements une conséquence éloignée, écartant les détails accessoires, rassemblant les analogies essentielles, et enchaînant l'une à l'autre par leurs rapports nécessaires les vérités qu'il combine en un système harmonieux.

A côté de ses bonnes qualités, nous placerons ses défauts : on l'accuse de préférer quelquefois les pensées ingénieuses aux pensées solides, et de pousser la profondeur jusqu'à la subtilité; on reproche à son style le manque de simplicité et de précision, l'abus des ornements et une abondance stérile et déclamatoire. Presque tous ces défauts tiennent à l'excellence même des qualités contraires, à son incroyable sagacité et au luxe naturel de son esprit; ils tiennent surtout à l'habitude de l'improvisation, et on les excusera facilement dans des leçons qui furent imprimées exactement telles que le professeur les avait prononcées, et sans qu'il eût le temps de les réviser.

Du reste, ces imperfections ne se rencontrent guère que dans les endroits où, faisant succéder le langage du cœur et de l'imagination aux formes austères de l'analyse et du raisonnement, il commente les poëtes qu'il cite assez souvent, mais toujours dans le but de soulager l'attention de ses auditeurs. Quand il s'agit, au contraire, de décrire un fait capital, ou d'établir solidement une vérité abstraite qui doit servir de base à toute une théorie, ou qui en fait partie intégrante, Brown ne manque alors ni de simplicité ni de précision : il retrouve toutes les qualités du style, non-seulement celles qui résultent du choix des mots et de l'emploi des tournures, mais encore celles qui tiennent aux lois de la composition, à la netteté des principes, à l'ordre des idées, à la rigueur des déductions.

Dans sa méthode d'exposition, il fait tour à tour un habile usage de la synthèse et de l'analyse : tantôt il nous transporte tout d'un coup sur les hauteurs de la science, et nous montre de là toutes les vérités qui viennent aboutir au centre où il s'est placé; tantôt rassemblant le plus grand nombre possible de faits particuliers, et nous conduisant comme par la main à travers les détours et les sentiers que lui-même a parcourus, il nous fait arriver enfin au principe général qu'il voulait établir.

Enfin on trouve dans chacune de ses leçons des modèles de discussions philosophiques; et, quels que soient d'ailleurs ses défauts, la postérité ne pourra manquer de le placer à la tête de tous les métaphysiciens écossais; et ses ouvrages consciencieusement étudiés et bien compris pourraient contribuer à ramener dans la bonne voie la philosophie depuis longtemps égarée.

« Il est à désirer, dit M. Bouillet, que les écrits d'un homme qui a joué un rôle si important dans le mouvement philosophique dont l'Écosse fut le théâtre pendant un demi-siècle, et qui d'ailleurs est un des écrivains les plus distingués de cette intéressante nation, puissent bientôt passer dans notre langue, et se répandre dans notre pays, où ils sont encore presque entièrement inconnus. Cette traduction compléterait la série des philosophes écossais, qui ont tous été accueillis en France avec la plus grande faveur; elle permettrait en outre de faire faire de nouveaux pas à l'enseignement, et de dissiper certains préjugés qui se sont établis dans nos écoles à la faveur du crédit, si bien fondé d'ailleurs, dont jouissent auprès de nous les noms du D. Reid et de l'illustre professeur qui a importé sa doctrine en France (1). »

(1) *Supplément à la Biographie universelle*; art. Brown

FIN.

TABLE DES MATIÈRES

Avant-propos.. V
Notice biographique................................. IX

RECHERCHE SUR LA RELATION DE LA CAUSE A L'EFFET.

Introduction.. 3
I. — Exposé de la doctrine........................ 4
II. — Critique... 31

LEÇONS SUR LA PHILOSOPHIE DE L'ESPRIT HUMAIN.

INTRODUCTION.

I. — Objet et division de l'ouvrage............. 43
II. — Méthode... 44

PREMIÈRE PARTIE.

PSYCHOLOGIE.

I. — Classification des phénomènes intellectuels.... 62
II. — De la conscience............................. 46

SECTION PREMIÈRE.

États externes de l'esprit.................... 67
I. — Origine de la croyance à l'existence du monde matériel............................... 69
II. — Examen de la doctrine de Reid sur la perception, et de sa prétendue réfutation de l'idéalisme. 81

SECTION DEUXIÈME.

États internes de l'esprit.

CHAPITRE PREMIER.

États intellectuels de l'esprit.................. 98

ARTICLE PREMIER.

I. — Lois de la suggestion simple.............. 100
II. — Des prétendues facultés auxquelles on a faussement rapporté les phénomènes de la suggestion simple..................................... 107

ARTICLE DEUXIÈME.

I. — Lois de la suggestion relative............. 116
II. — Réduction de certaines facultés prétendues à la suggestion relative....................... 123

CHAPITRE DEUXIÈME.

Des émotions.

I. — Classification des phénomènes affectifs...... 133
II. — Du beau et du sublime................... 149

DEUXIÈME PARTIE.

ÉTHIQUE

Introduction................................. 181

CHAPITRE PREMIER.

Morale générale............................ 181

CHAPITRE DEUXIÈME.

Morale appliquée.......................... 200
I. — Morale sociale........................ 201
II. — Morale religieuse.................... 206
III. — Morale individuelle 223
Conclusion................................ 238

FIN DE LA TABLE.

Tours, — Imp. de J. Bouserez.

TOURS, IMPRIMERIE DE JULES BOUSEREZ.

www.ingramcontent.com/pod-product-compliance
Lightning Source LLC
Chambersburg PA
CBHW050629170426
43200CB00008B/943